东京梦华录

（上册）

（宋）孟元老 著
马漠临 译注

巴蜀书社

图书在版编目（CIP）数据

东京梦华录：全两册 /（宋）孟元老著；马漠临译注 .— 成都：巴蜀书社 ,2022.11（2023.5重印）

ISBN 978-7-5531-1830-7

I. ①东 ... II. ①孟 ... ②马 ... III. ①开封 - 地方史 - 史料 - 北宋 ②临安（历史地名）-地方史-宋代 IV. ①K296.13②K295.51

中国版本图书馆 CIP 数据核字 (2022) 第 195896 号

东 京 梦 华 录 ： 全 两 册

DONGJING MENGHUA LU　QUAN LIANGCE

（宋）孟元老 著
马漠临 译注

策划出品	远涉文化
出版统筹	罗婷婷　庄本婷
策划编辑	袁子旃
插 画 师	啵青波
责任编辑	张裕闻　徐雨田
出　　版	巴蜀书社
	四川省成都市锦江区三色路238号新华之星A座36楼
	邮编: 610023　总编室电话:（028）86361843
发　　行	巴蜀书社
	发行科电话:（028）86361852　86361847
照　　排	蒋涪陵
印　　刷	成都博瑞印务有限公司（028）85919288
版　　次	2022年11月第1版
印　　次	2023年5月第2次印刷
成品尺寸	160mm × 250mm
印　　张	26.25
字　　数	180千
书　　号	ISBN 978-7-5531-1830-7
定　　价	135.00元（全两册）

前言

孟元老追忆故都繁华旧事所著的《东京梦华录》是我们研究北宋首都东京最为珍贵的史籍之一。从宋代开始，中国的城市生活进入了全新的一页，城市不再是冷冰冰、高耸矗立于地面，用于控制地方的大型建筑，而是赋予了居民对美好生活向往的公共空间场所。正如盛唐滋育了李白，而李白书写了盛唐一样，高度繁荣的北宋首都东京为孟元老撰写回忆录提供了充沛的素材，而《东京梦华录》编织出的世界也让东京更显梦幻。

孟元老在《东京梦华录》中对他深深眷念的故都用真挚、细腻的笔触加以记述，描绘了东京的河道、建筑布局、皇宫、政府机构、商业、餐饮、医疗、物产、休闲娱乐、寺庙道观、百戏技艺、娶亲育子、皇家庆典、民间节庆习俗等，全景式地呈现了东京的地理与风物。孟元老的语言平白质朴，而文辞背后，则饱含着作者对这座城市和往日时光的深情。

《东京梦华录》有着多方面的价值，作为史料，本书详细记载了东京城内的建筑布局和上及皇室、下至市民群体在东京城及郊外进行的各类活动，对于城市史、历史地理学、宋史、社会史、日常生活史、礼仪制度研究都有着重大的价值。作为文学作品，作者自述“语言鄙俚，不以文饰者”，然其遣词用句堪称典雅，对景致、各类活动的描写往往引人入胜。作者弥漫于文字背后的情怀，将本书的价值升华到“历史美学”般的境界，这一种醇美的阅读体悟，会给人带来心灵的感动和滋养。

孟元老写作《东京梦华录》虽力求平白，但距今已近千年，语言文字阅读起来难度较大。本书一方面记录了许多富有趣味性的城市生活史料，但同时也用很大篇幅记述了地理态势、建筑布局、典礼仪式、政府机构等，使读者阅读起来感到颇为费解。作为一套面向大众的普及读物，本书内容的呈现方式就显得尤为重要。

为了便于读者对原著的理解，并能从中获得新知，本书在编写上进行了创新。

首先，本书分为上下两册，上册是《东京梦华录·地舆志》，内容是原作的卷一至卷四；下册是《东京梦华录·风物志》，内容是原作的卷五至卷十。上册《地舆志》主要以地理空间为背景记述了东京城内的各代表性场所，如河道、大内、州桥夜市、大相国寺、会仙酒楼等地，宛若城市旅游指南，勾画出东京丰厚的内涵和多样的城市空间；下册《风物志》以节气为主线，记述了不同时节东京城各类群体的风俗仪式和日常活动，如元宵观灯、清明郊游、七夕购买“磨喝乐”、中元祭祖，等等，展现了东京悠扬的风土人情与富有生气的城市生活。

其次，在文字内容的编排上，为了给读者提供良好的阅读体验，本书正文以译文为主，在对应的译文段落后加以简明清晰的注解，在每一卷卷末配以延伸阅读，在上、下册的正文之后，分别收录对应的原文。

最后，本书还特别邀请了毕业于中央美术学院的画师结合原著并考据相关宋朝史料，耗时近一年，潜心绘制了近百幅精美插画。画师在创作中追求古典风韵与现代绘画技法相融合，大到建筑布局，小到商贩招牌，都力求还原历史上的东京城。此外本书还精选了数十幅宋代古画，图文并茂，让读者身临其境地感受宋代都市的繁华与意趣。

本书的译注工作以中国国家图书馆藏元刊本为底本，并参考了伊永文先生《东京梦华录笺注》和其他研究成果。希望这一套图文本的《东京梦华录》，能让读者感受到宋代都市文明的繁华、醇美、优雅与不朽的生命力。

梦华录序

小时候，我随做官的父亲周游南北，于崇宁癸未年（徽宗崇宁二年，1103年）到了京城，在城西金梁桥西边夹道的南侧定居。此后我的成长阶段恰好是在天子脚下经历的。

金梁桥，为汴河桥梁之一，在汴梁城西，在宋元话本小说中常常出现它的身影。如宋话本《陈巡检梅岭失浑家》："新娶得一个浑家，乃东京金梁桥下张待诏之女……"宋话本《宋四公大闹禁魂张》："赵正打扮做一个砖顶背系带头巾，皂罗文武带背儿，走到金梁桥下……"《水浒传》第二回《王教头私走延安府 九纹龙大闹史家村》："这柳世权却和东京城里金梁桥下开生药铺的董将士是亲戚。"这一座桥在明代时还在，"金梁晓月"为明代汴城八景之一。于谦《汴城八景（其五）金梁晓月》写道："金梁迢递接西城，晓骑腾腾踏月明。素魄随人如有意，余光伴影最多情。尘昏宝镜轮蹄动，树堕冰轮乌雀惊。却忆彤庭朝谒处，几番拥笏候鸡鸣。"

多年的太平盛世，让京城里人口密集，物业繁华。梳着垂髫发式的小孩儿，只知道鼓舞玩乐；已是两鬓花白的老人，从未经历兵荒马乱的时日。节日庆典接连不断，让人大饱眼福，目不给赏。华灯齐放，皓月当空的元宵夜和中秋佳节；瑞雪飞舞，百花盛放的光阴。不管是七夕乞巧，还是重九登高，抑或是金明池的禁军操练，还是琼林苑的皇上游幸，一眼望去，京城目之所及处，都是青楼画阁，绣户珠帘。雕饰华丽的马车争相停靠在帝都大道旁，名贵矫健的骏马纵情驰骋在坊巷御街上。镶金点翠光彩耀目，锦缎华服衣袖飘香。新歌笑语在烟花柳巷中回荡，箫管琴音在茶坊酒楼里奏响。全国各地的百姓都往京城涌入，世界诸国的使者都与本朝来往。四海的珍宝异玩，都在京城的集市上交易贩卖；九州的美味佳肴，都在京城的庖厨里等待上席。繁花似锦铺满道路，走在路上何止是春游的感受。萧鼓奏乐震动长空，那又是数家豪门正在夜宴。奇特精湛的技艺表演让人耳目一新，富足奢侈的生活使人心神舒爽。

教池，本意为训练水军之池，北宋时指金明池，北宋时期在金明池对禁军进行操练。宋人高承《事物纪原》卷八《教池》记载道："昆明池，汉武帝立之，习水战，则是教池之事，略见于此矣，亦竞渡之遗意也。宋朝太祖建隆间，即都城之南凿讲武池，始习水战，将有事于江南也。及太宗兴国中，得吴越钱氏龙舟。七年疏国城西开金明池，于是每岁二月教池，遂为故事。"

明堂，是君主宣明政教之所。朝会、祭祀、赏赐等重大活动都在此举行。宋人对明堂的认识参见范仲淹《范文正公集》卷一《明堂赋》："臣闻明堂者，天子布政之宫也。在国之阳，于巳之方。广大乎天地之象，高明乎日月之章。崇百王之大观，揭三宫之中央；昭壮丽于神州，宣英茂于皇猷；颁金玉之宏度，集人神之丕休。故可祀先王以配上帝，坐天子而朝诸侯者也。”

元宵节观灯、金明池观射、郊坛祭天等这些庆典，是观瞻天子龙颜的好机会。我也曾多次观看公主出嫁、皇子纳妃这样的盛大典礼。我朝功业浩大，京城建造有可容万人的大庆殿，冶铸有象征天下的九尊鼎鼐。若想一睹官伎们的风采，就要等到皇宫的宴会结束，衙门的差事完毕时去瞧。若想看官场人事风云变化，就要等科举揭榜进士唱名，武将换职之时。几十年来，我纵情地观赏庆典，不厌其烦地游山玩水，从来都是神魂颠倒，流连忘返，乐此不疲，不知满足。

鼎鼐，鼎是国家权力的象征，鼐是大鼎。鼎在古代最初为烹煮之器，传说大禹治九州，收九州之金铸成九鼎，每一鼎上镌刻该州的风土、物产、地理，象征着天下。此处的鼎鼐是宋徽宗时所铸造的。

忽然靖康丙午年间出现兵火，故都蒙尘，人民遭难，繁华尽逝。次年，我离开汴京南下，躲避战乱流落到了江左，情绪低落，年岁渐长，徒增白发。暗想当年，每逢佳节，尽是人物风流，人情和美，花花世界，其乐无穷，而今都已化成惆怅和愤恨。最近同亲戚会面的时候，谈到旧事，无限怀念，后辈则对我们所谈论的故都风物妄加非议，不以为然，认为有溢美之词。我担心时间长了，后人再谈起当年故都的风物，将失去真实性，那就实在令人惋惜。因此，我谨将我对故都的记忆写下来，编成一集，希望后人打开此书，能够知晓当年盛况。

靖康元年（丙午年），金国南下攻取北宋首都东京，掳走徽、钦二帝及皇室成员，靖康二年北宋灭亡。

江左指长江下游南岸地区。古代君王面南朝北，古人以东为左，以西为右，江东即为江左，包括江苏、上海、安徽、浙江、江西等东部沿江地区。

古人有梦游华胥之国其乐无涯的故事，我如今追念往昔，沉浸其中时无比欢快，而当我走出来，再回首时则怅然感伤，这难道不是和华胥之梦醒来时一样的怅惘迷茫吗？因此我将这本集子命名为《梦华录》。但是，因为京师太过广袤繁荣，对于那些我没有亲身经历的事件，或者没有去过的地方，我往往依据从别人那里得到的信息记录下来，因此难免有遗漏或欠缺。如果后日能遇到来自故乡的朋友或德高望重的前辈，对此书予以补充指正使它更加完备，那真是不胜幸运。

梦游华胥之国，指黄帝梦游华胥氏之国（古代的理想国）事。《列子》卷二《黄帝》："（黄帝）昼寝而梦，游于华胥氏之国。华胥氏之国在弇州之西，台州之北，不知斯齐国几千万里；盖非舟车足力之所及，神游而已。其国无帅长，自然而已。其民无嗜欲，自然而已。不知乐生，不知恶死，故无夭殇；不知亲己，不知疏物，故无爱憎；不知背逆，不知向顺，故无利害：都无所爱惜，都无所畏忌。入水不溺，入火不热。斫挞无伤痛，指擿无痟痒。乘空如履实，寝虚若处床。云雾不硋其视，雷霆不乱其听，美恶不滑其心，山谷不踬其步，神行而已。黄帝既寤，怡然自得。"

这本《梦华录》语言浅俗，不刻意进行雕琢修饰，目的是想让读书作文的士人和劳作谋生的百姓都能读懂，希望读者能理解到我的用心。

绍兴丁卯年除夕日，幽兰居士孟元老序

目录

东京梦华录

地舆志

卷壹

卷贰

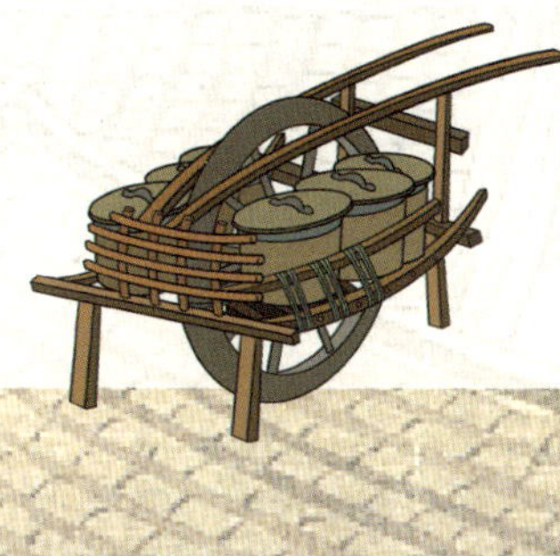

卷叁

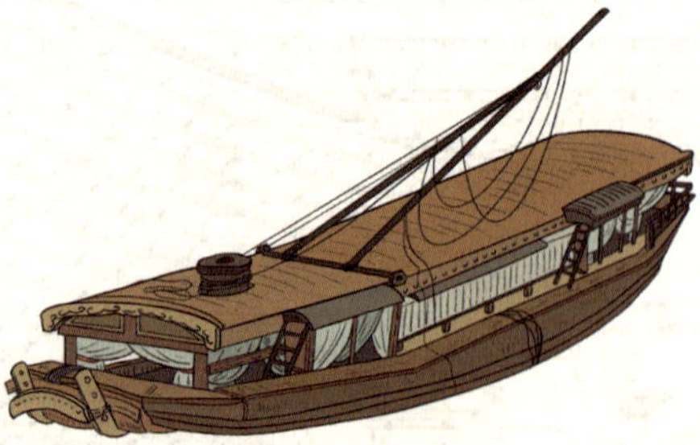

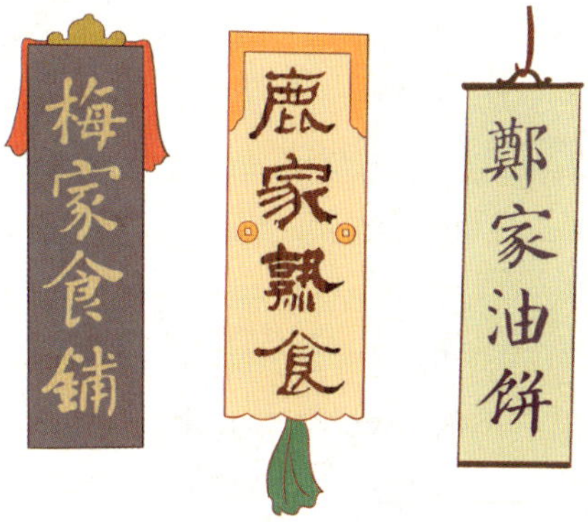

卷肆

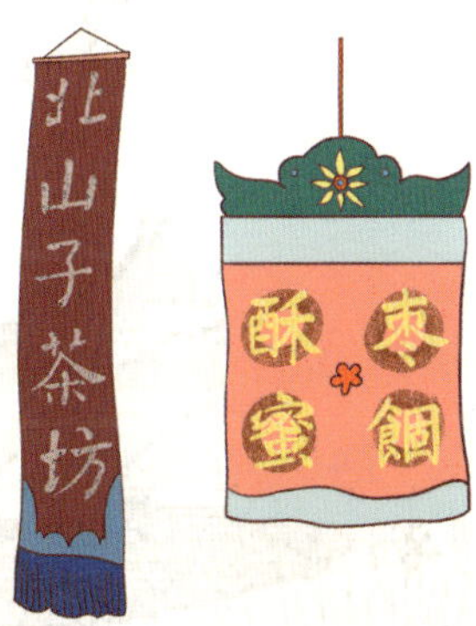

东京梦华录

风物志

卷伍

卷陆

卷柒

卷捌

卷玖

卷拾

东京梦华录

地舆志

卷壹

水龙吟·会庆节

曹勋

翠帘迟晚，龙楼丽日，海宇明新霁。枢旋大电，虹流华渚，阳春天气。出震乘乾，保民立政，垂衣裳治。诞恩均九有，功兼七制，恢图抚、四荒外。

威动殊邻万里。拥衣冠、称觞玉陛。虞韶缦度，龙香飞下，晴云如水。行见冰天，版图来上，诸侯盟会。奉怡颜宴罢，归移宝辇，向瑶池醉。

炸
淨洗手面
茶

飯
子
果

东都外城

东都的外城，周长约四十里。萦绕在都城四周的护城河叫护龙河，宽十余丈。护龙河内外两侧都种植有杨树、柳树，在护龙河旁边耸立着粉白涂色的墙壁和朱红的城门，此处为通关要道，禁止行人从中往来。每座城门外侧，都有三重瓮城（护卫主城的小城），瓮城斜对着主城门开门。只有南薰门、新郑门、新宋门、封丘门这四座城门外侧的瓮城正对着城门开门，且只有两层，这是因为这四座城门是都城正门，皇帝的御用道路从中穿过，瓮城和城门需要笔直排列以便皇帝车驾畅通无阻。

东都即汴京，其地在今开封，宋因后周之旧以为都城，由外城、内城、皇城三重组成。汴京外城为周世宗所筑，周长约四十八里，外城内部为木板，外部为夯土。

瓮城为城市防御设施，是在城门外修建的半圆形或方形的护门小城，其形状视地形而定，可掩护城门。瓮城两侧与城墙连在一起，设有箭楼、门闸、雉堞等防御设施，因其形状像瓮，故称瓮城。瓮城城门通常与所保护的城门不在同一直线上，以防攻城槌等武器的进攻。曾公亮《武经总要》前集卷十二《守城》对瓮城有详细的记载，书中写道："门外筑瓮城，城外凿壕去大城约三十步，上施钓桥。壕之内岸筑羊马城，去大城约十步，凡城上皆有女墙，每十步及马面皆上设敌棚、敌团、敌楼。瓮城有战棚，棚楼之上有白露屋，城门重门、闸版、凿扇，城之外，四面有弩台，自敌棚至城门，常设兵守以观候敌人……其城外瓮城，或圆或方，视地形为之，高厚与城等，惟偏开一门，左右各随其便。"

东京外城的南面城墙，开有三座城门：正南的叫南薰门；在东南方的是陈州门，在陈州门旁边有蔡河水门；西南方的城门则是戴楼门，旁边也是蔡河水门。蔡河是民间百姓的叫法，因为此河连通蔡州，故得此名，它的正式名叫作惠民河。

汴京的水门像闸门一样垂下以便于防御，曾公亮《武经总要》前集卷之十二《守城》记载："右闸版，与城门为重门，其制用榆槐木，广狭准城门，漫以生牛皮，裹以铁叶，两傍施铁环，贯铁索。凡大城门，去门阖五尺，立两颊木，木开池槽，亦用铁叶裹之。若寇至，即以绞车自城楼上抽所贯铁索，下闸版于槽中，外实以土防火攻，内枝以柱防倾折。"《水浒传》第九十四回《宁海军宋江吊孝涌金门张顺归神》也出现过水门："张顺摸到水口边看时，一带都是铁窗棂隔着。摸里面时，都是水帘护定。帘子上有绳索，索上缚着一串铜铃。张顺见窗棂牢固，不能够入城，舒只手入去扯那水帘时，牵得索子上铃响。城上人早发起喊来。"

南薰门

东京外城的东面城墙，有四座城门：东南方的叫东水门，位于汴河流下游的河道上。此城门横跨汴河，大门用铁包裹，形如窗栅，每到暮色降临，东水门就如闸门一样向下放入水中。东水门两岸设有拐子城，各有别门供行人通行。在拐子城城门外，可以看到汴河左右两岸相距百余丈。从东水门顺流向北，最近的是新宋门；随后是新曹门；最后是东北水门，即五丈河出城处的水门。

拐子城是宋人对汴京外城汴河上下水门和此段城墙特殊建筑的俗称，在城墙的城角，“拐子”为宋人俗语，指两翼。

东京外城的西面城墙，有四座城门：从南边方位向北，首先是新郑门，接着是西水门，此门是汴河上游来水的水门，随后是万胜门、固子门、西北水门，西北水门是金水河穿城而过处的水门。

东京外城的北面城墙，有四座城门：从东边方位向西，首先是陈桥门，这是大辽使臣进入东京的专用驿路。接着是封丘门，此处有天子举行北郊大祭的御用道路，穿封丘门而过。随后是新酸枣门、卫州门。

在此记载的这些门的名称都是民间百姓的俗称。它们的正式名字也流传至今，如西水门本叫利泽门，新郑门原本叫顺天门，固子门原本叫金耀门。外城城墙上每隔百步设有防御所用的马面、战棚，同时密集地设置女头，这些防御设施早晚有专人巡查修理。从城外远望看过来，显得很高峻。城里牙道两侧种植的榆树、柳树已都成荫，每隔两百步设有一防城库，贮藏守城御敌的武器。朝廷设有修治京城所，总管城墙的修缮事务，下辖广固兵士一万人，每天具体负责对城墙的整治修缮工作。

东京的城墙防御设施完备：马面是沿着城墙所建的凸出于墙外立面的墩台，在城墙上每隔一段距离设置一个。其作用是加固城体，便于观察和夹击攻城的敌兵，上凿孔以发射弩箭，并可储粮。战棚为城墙上防守用的活动棚屋。女头即女墙，建在城墙顶部内外沿上的薄型挡墙。其与大城相比，极为卑小，故称女墙。建在城墙顶内沿的女墙也称宇墙，建在城墙顶外沿的女墙也称垛墙。女墙用于城顶防护和御敌屏障，是古代城墙必备的传统防御建筑。此外还设有修治京城所这一机构专门负责城墙的修缮、维护。

牙道为官府开凿的道路，负责城内巡逻、维护的广固兵士则是宋代土木工专门部队的番号。

旧京城

旧京城（里城）方圆约有二十里。南面城墙的城门有三座：正南面的叫朱雀门，朱雀门左边为保康门，右边为新门。东面城墙的城门有三座：最南边是汴河南岸的角门子，向北是汴河北岸的旧宋门，最北边是旧曹门。西面城墙的城门有三座：最南边为旧郑门，接着向北是汴河北岸的角门子，再向北是梁门。北面城墙的城门有三座：最东边方向为旧封丘门，接着向西是景龙门，位于修建在皇宫宫城角的宝箓宫的正前方，再向西是金水门。

旧京城指唐朝时的汴京，又称里城（区别于之后周世宗所修筑的将其囊括在内的外城）。

角门子，为汴河流出内城东南角的水洞门。

河道

穿过都城的河道有四条。流经南面城墙处的叫蔡河，蔡河发源于陈、蔡地域（今河南地区），到达都城附近后，由西南方的戴楼门流入京城，在京城内环绕蜿蜒，滋润灌溉了京城许多地方，最后从东南方的陈州门流出。蔡河在京城的这一段水路上建有十一座桥，陈州门里侧的叫观桥，在五岳观后门。再向北，首先是宣泰桥，接着是云骑桥、在彭婆婆宅前的横桥子、高桥、西保康门桥、正对大内前门的龙津桥、新桥、在高殿前宅前的太平桥、粜麦桥、第一座桥、宜男桥，随后蔡河就从城门处流出了京城，出京城后蔡河流经的城外第一座桥叫四里桥。

北宋设有“四京”，分别是东京开封府、西京河地府、南京应天府、北京大名府。

蔡河、汴河为人工开凿的运河。蔡河为北宋初年所凿，其源头在郑州，经人工渠流入汴京。蔡河边的高殿前宅即是北宋殿前都指挥使司高俅高太尉的宅院。高俅曾在苏轼手下当职，后因善于蹴鞠得到当时还是端王的赵佶的宠信，后官至殿前都指挥使司，靖康元年病死。

流经都城中部的河流叫汴河，汴河在西京洛阳的洛口和开渠所引的伊、洛河水汇聚在一起进入京城，流出京城后向东流到泗州（今安徽、江苏北部）注入淮河。汴河担负着漕粮运输的重任，来自东南方的粮食和各类风物土特产，顺汴河送入京城，京城上至皇帝高官，下至平民百姓，无论公私花销和一切生活日用，都依赖此河供给。

汴河流经京城的河段，范围包括从东水门外到西水门外这一带，共七里，这一河段上有十三座桥：从东算起，第一座桥是东水门外七里的虹桥，这座桥没有桥柱，桥梁全都用巨大的木头凌空搭建，用红色漆涂饰，就像天上的飞虹一样壮美，它旁边的上土桥、下土桥也如此装饰。接着是顺成仓桥，随后汴河通过水门流入都城。

汴河源头在荥阳，流入汴京的为其支流，是漕运的重要干道，至南宋时漕运废弃，逐渐为泥沙所淤积。

东河漕运船

汴河流入都城后的第一座桥是便桥，接着流经下土桥，随后流经上土桥，再流经西角子门，在此处搭建的桥是相国寺桥，接着流经州桥，州桥的本名是天汉桥，正对着大内御街，这座桥与相国寺桥都较为低平，船只通行不畅，只有西河的平船可以通过。

东京以汴河上的州桥为界将来此运载货物的船只分为西河船与东河船，西河船平底，船身较小，能穿过州桥；东河船主要运载漕粮，规模庞大，无法通过州桥。

州桥的桥柱全都是用青石做成的，桥上的石梁、石柱、栏杆及近桥两岸都布满了石刻壁画，上面雕刻着海马、水兽和飞云等纹饰图形，桥下面紧密有致地排列着石柱，因为这里是皇帝的车驾御路，所以石柱丛立，装饰华美。

州桥的北岸通向御路，东西两侧的阙柱、楼观相对耸立，壮丽堂皇；州桥的西边有两只方形的浅舱小船，船头安置着数条巨大的铁枪。岸上有三条铁索，夜晚船夫用铁索将方船绞上水面，这样做的目的是防止船只遗失。汴河再往西去就到了浚仪桥，接着是兴国寺桥，也叫马军衙桥。再接着是太师府桥，在宰相蔡京的宅前。再往下是金梁桥，随后是西浮桥，旧时为了简捷方便，以船只并排搭建成浮桥，西浮桥因此得名，而现在已经改造成用木石建造而成的桥梁。接着是西水门便桥，门外的叫横桥。

蔡京，熙宁三年进士及第，先为地方官，后任中书舍人，改龙图阁待制、知开封府。崇宁元年，为右仆射兼门下侍郎，后又官至太师。兴花石纲之役；改盐法和茶法，铸当十大钱。北宋末，太学生陈东上书，称蔡京为“六贼之首”。宋钦宗即位后，蔡京被贬岭南，途中死于潭州。蔡京在京城的宅邸为宋徽宗所赐，甚为华丽，陆游《老学庵笔记》记载说：“蔡京赐第宏敞过甚。”

流经京城东北的河流叫五丈河，发源自济、郓等地（今山东），此河也是漕运重地，京东路的粮食需要经过此河转运至京城，五丈河从新曹门的北面入京。流经京城的河段上有五座桥：从东数过去首先是小横桥，接着是广备桥，随后是蔡市桥，而后是青晖桥，最后是染院桥。

五丈河宽五丈，因此得名，是武则天时期所开凿的运河，金水河为北宋初所开凿。

佚名　荷蟹图绢本

流经京城西北的河流叫金水河，京城西南筑有堤坝将金水河分成京河、索河两支河流，进入京城的是京河这条支流。京河入京后其天然河道与汴河河道交织在一起，为了引京河入宫中营造人工水塘，官府在汴河上架起木槽改变了京河的流向，在木槽两边搭建有夹墙遮挡流水防止外溢，于是京河从西北水门顺着木槽进入京城，横跨过汴河，随后流入皇宫大内，灌注后苑的池塘。京河在京城的河段上有三座桥：分别叫白虎桥、横桥、五王宫桥。

另外，曹门附近还有座小河子桥，也叫念佛桥。宫内各官署任职的辇官（负责驾车的人）、亲事官之类的人员大多住在曹门的军营中，清晨这些人员前去皇宫当值时，需要经过此桥，他们常常会遇到一名盲人在桥上念经化缘，久而久之，这座桥就被京城的官员和市民称之为念佛桥。

大内

皇宫正门为宣德楼，楼下五座大门一字排开，大门上都装有金钉，城门用红漆涂饰，城楼的墙壁都用砖石相间砌成，上面镌刻有龙、凤及飞动的云彩等纹样。宣德楼屋脊和栋梁上到处是雕刻的图案和精美的彩绘，高峻的屋角、层叠的椽子相互映衬，上面用闪耀着金光的琉璃瓦覆盖。楼的两边建有曲尺形的朵楼，朱红的栏杆饰以彩绘；朵楼下有两座相对而立的阙亭，亭前都摆放着朱红色的杈子，防止闲杂人等进出。

大内，皇宫的总称。亦指围绕皇宫的城墙。北宋皇宫在汴京的西北部，周长五里。

朵楼，为正楼两旁的楼。

阙亭所设的杈子是置于官府宦宅前阻拦人马通行的木架。古称行马。

进入宣德楼正门，就是大庆殿。大庆殿庭院中建有东西两楼，建筑风格犹如寺院中的钟楼。楼上设有办公处所，太史局的官员保章正在此处观测刻漏，按时刻手执牙牌向上奏报时辰。每逢重大典礼，皇帝需要提前进行斋戒和独宿，当晚会在大庆殿就寝。每年正月初一的朝会也在此殿举办。殿外左右两侧各有一大门，叫左右长庆门。

太史局，为北宋朝廷所设的掌管天文测绘、制定颁布历法的机构。刻漏为当时的计时工具。

牙牌，是用象牙或骨角制成的记事签牌，也用于出入宫门时官员身份的验证。

宣德楼

皇宫内城南墙有三座门，举行重大朝会时臣子们通过此门进入皇宫。宣德楼左边的城门叫左掖门，右边的城门叫右掖门。左掖门进去就是明堂，穿过右掖门朝西去是天章阁、宝文阁等阁楼。南面宫墙到宫内北面的走廊约有一百丈距离。进宫门朝东去，有一条街巷，街道的北面廊分布着枢密院，接着是中书省，再往后是都堂，宰相及执政大臣退朝后在此处理政务。都堂再接着走就到了门下省，随后就到了大庆殿，从大庆殿外面走廊的边门再向北去一百余步，又是第二道边门，每天宰相及执政大臣上朝，在此门下马步行入宫。其余侍从、台谏等官员在第一道边门就提前下马，步行至文德殿，再跨过第二道边门。

天章阁收藏有宋真宗的书籍、文物及祥瑞之物，宝文阁藏有宋仁宗、宋英宗的御笔字画。

枢密院掌握军事之权，中书省长官为宰相，负治国之责。

都堂，为尚书省的总办公处。唐尚书省署居中，东有吏、户、礼三部，西有兵、刑、工三部，尚书省的左右仆射总辖各部，称为都省，其总办公处称为都堂。

门下省，掌握审核命令、匡正过失之权。

宰执，是宰相与执政官的合称。两宋先后有平章事、同平章事、尚书左右仆射、左右丞相、侍中为宰相，以参知政事、门下侍郎、中书侍郎、尚书左右丞、枢密使、枢密副使、知枢密院事、同知枢密院事、签书枢密院事委执政。

台谏，唐宋时以专司纠弹的御史为台官，以职掌建言的给事中、谏议大夫等为谏官。两者虽各有所司，而职责往往相混，故多以“台谏”泛称之。

文德殿东走廊处通向大庆殿东偏门，西走廊处向外是中书门下后省，再接着是修国史院，而后是朝南的小角门，正对着举行日常朝会的大殿文德殿。文德殿前是东西向的大街，向东去是东华门，向西去是西华门。文德殿附近又有相对的两门，是左右嘉肃门。文德殿朝南去，矗立着左右银台门。

修国史院，负责撰修前朝国史，记载本朝史事的机构。

东华门里的皇太子宫有一条街道通向嘉肃门，街南是大庆殿后门、东西上閤门；街北面是宣祐门。有条南北向大街穿过宣祐门，这条大街走廊的西廊坐落着朝向东边的宫殿凝晖殿，从凝晖殿出发再通过会通门就进入皇宫了。和凝晖殿相对的位于街道东廊的是一座门楼，其后坐落着殿中省、六尚局、御厨。凝晖殿上日常驻扎有两重禁卫军士，时刻提防警戒，出入控制非常严格。附近都是亲近侍从、显贵宦官的居所。

东西上閤门，掌朝廷宴会、典礼仪式的部门，多以外戚权贵充任。

殿中省，负责祭祀活动及相关物品的机构。

六尚局，下辖尚食、尚药、尚醞、尚衣、尚舍、尚輦六局，为皇室供应此类日用之物。

御厨，掌管皇室成员饮食的厨房。

凝晖殿外是知省、御药等宫廷机构人员当值办事的场所。快行、亲从官、輦官、车子院、黄院子等机构的人员，内诸司辖下的兵士，都在殿外活动、侍候，随时可供差遣传唤，宫里采购的货物、地方进贡给皇室的异物，都从凝晖殿的入口处送进宫中。正因为如此，凝晖殿成为皇宫大内最热闹、往来人等最多的处所。宫内诸司之人也会聚集到此买卖饮食和珍奇之物，这些来自宫中的珍奇异宝往往为民间集市所罕见珍视。

知省，高级侍从、宦官等。

快行，随侍在皇帝身边，负责手持衣服、器物，传递文书、物品的官吏。

亲从官，负责皇室人员所到之处清洁卫生和提前巡查踩点的人员。

辇官，掌管车驾的官吏。

车子院，掌管用车的机构。

黄院子，管理衰老的太监的机构。

内诸司，位于皇宫内的官署机构总称。

每当早晚进奉御膳之时，禁卫在殿中省至凝晖殿前排列成行加以警戒，阻止闲人过往。此时殿中省门口有一名官员在此呼呵指挥，此人被称之为“拨食家”。其次有身穿紫衣，头戴横脚裹起、向后曲折幞头之人，此类人被称之为“院子家”，他们右手托着黄色绣龙纹布帛遮盖着的盒子，里面装着御膳，共有十余盒，左手拿一方红罗绣花手巾，从殿中省门口列队进入凝晖殿，“院子家”进奉完御膳以后，又有一列侍从托着金色瓜形食盒二十余只进入，其内盛装着各类点心零食，宫中随时会传唤送上点心，所以又称之为“泛索”。

宣祐门外朝西去是紫宸殿。每年正月初一皇帝在此殿受群臣朝贺。紫宸殿再往西边是文德殿，日常朝会在这里举行。紫宸殿旁边是垂拱殿，再往西是皇仪殿，再往后叫集英殿。宫中御宴及举人参加殿试都在这里举行。前述各殿背面的后殿叫崇政殿、保和殿。内书阁办公的地方叫睿思殿。大内的后门叫拱辰门。

东华门外面市场最为兴盛喧嚷，宫中对外采买和出售物品都在此进行，故此百业兴盛。东华门市场上的日常饮食、应季花果、鱼虾鳖蟹、鹑兔干肉、金玉珍古、各色衣着，放眼四海，没有一样不是精品。这里的饮食业很发达，日常供应的菜肴品类有数十种，如果来客要一二十种下酒菜蔬，随心选择，店家马上就能备好。当应季的瓜果蔬菜刚上市的时候，市场更是热闹非凡。尤其是茄、瓠之类上市时，宫中的各嫔妃争相派人以高价购买，每对可以卖到三五十千钱的价格。

瓠（hù）是一年生草本植物，茎蔓生，夏天开白花，果实长圆形，嫩时可食。

北宋皇宫规模紧凑，布局繁密，注重山水意趣，遂有《水浒传》中所记载的蔡太师大量征用江南地区的奇花异石，运送到东京城皇宫铺陈景致这一弊政。

東華門
水湯
飯餅
香料鋪

吴家魚鲊店
李四分茶
李四分茶

内诸司

内诸司都设在皇宫之内，如学士院、皇城司、四方馆、客省、东西上閤门、通进司、内弓剑枪甲军器等库、翰林司（即茶酒局）、内侍省、入内内侍省、内藏库、奉宸库、景福殿库、延福宫、殿中省、六尚局（包括尚药、尚食、尚辇、尚醖、尚舍、尚衣六个部门）。此外还包括诸閤分、内香药库、后苑作、翰林书艺局、医官局、天章等司，以及明堂颁朔布政府。

内诸司，为皇宫内官署的合称。一般说的大内、皇城，即是指的内储司所在地，皇室在此日常起居，并处理政务，因此内储司的许多部门与皇室的生活密切相关。

学士院是皇帝的秘书处。皇城司为皇帝的禁卫军队，掌管宫城。四方馆是隋唐为接待四夷使客设立的外交机构，宋代已经演变为执掌礼仪性事务的内廷机构。客省是掌管国信使（外国使臣）与四夷朝觐贡献的机构。閤门，指閤门司，是掌管朝会事务的官署。通进司，为传达表章的机构。翰林司，是掌管供应酒水汤果以备游幸饮宴的机构。内侍省，为宫廷侍御机构，由宦者充任。内藏库，宋属太府寺，掌储存每所经费节余，以供非常之用。奉宸库，是掌收存金玉珠宝及其他贵重物品以供应宫廷的机构。景福殿库与延福宫职能不详。诸閤分，閤分是宋代对嫔妃的称呼，此处指掌管嫔妃事务的内臣。内香药库下分二十八库，储藏香药。后苑作管理园林，同时负责皇室手工业的生产。翰林书艺局掌管书籍、笔墨、棋艺等事务。医官局，皇家医药机构。明堂，颁布皇家各类政令的场所。

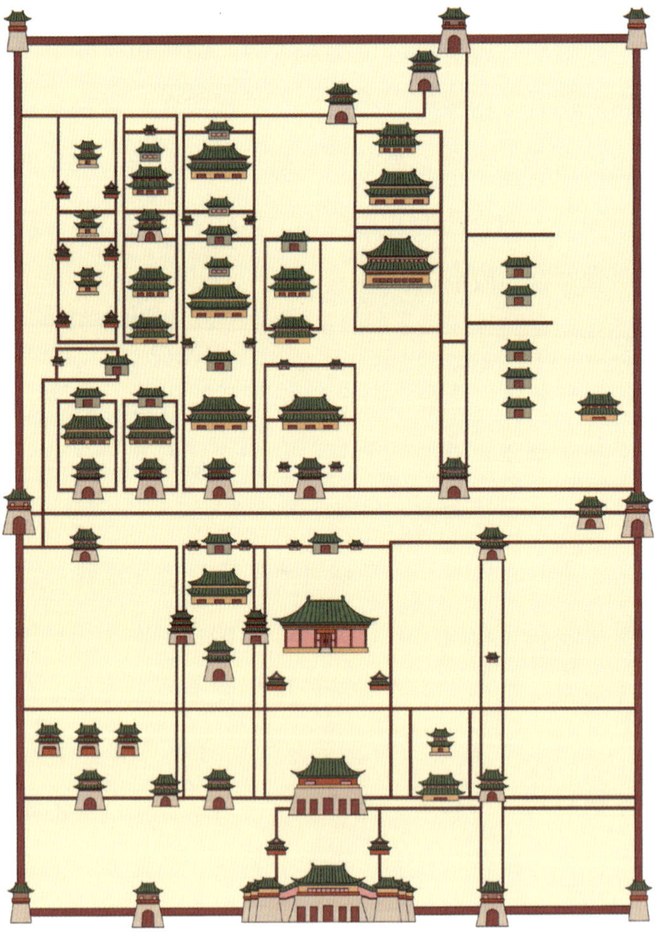

大内平面图

外诸司

设于皇宫外的外诸司各部门有：左右金吾街仗司、法酒库、内酒坊、牛羊司、乳酪院、仪鸾司（也称设帐局）、车辂院、供奉库、杂物库、杂卖务、东西作坊、万全（制造军器之所）、修内司、文思院上下界、绫锦院、文绣院、军器所、上下竹木务、箔场、车营、致远务、骡务、驼坊、象院、作坊物料库、东西窑务、内外物库、油醋库、京城守具所、鞍辔库、养马之处左右骐骥院和天驷十监、河南北十炭场、四熟药局、内外柴炭库、军头引见司、架子营（也称楼店务和店宅务）、榷货务、都茶场、大宗正司、左藏库、大观库、元丰库、宣和等库、编估局、打套所。

外诸司是皇宫中为皇帝的国政、外出巡游服务的部门的总称。左右金吾街仗司是巡逻街道，侍奉皇帝出巡的机构。法酒库是负责提供制酒原料，保管御酒的机构。内酒坊是负责生产皇室用酒的机构。牛羊司为饲养、烹制牛羊供皇室祭祀、宴享的机构。乳酪院为供应乳酪制品的机构。仪鸾司为提供帐幕的机构。车辂院为负责出行车辆的机构。供奉库是储藏诸州县岁贡物品的机构。杂物库为掌管接受内外输送杂物的机构。杂卖务负责处理皇室、官府剩余物品，售卖给民间的机构。

东西作坊，制作生产兵器的机构。万全，即万全作坊，为生产制作兵器的机构。修内司，负责营修太庙等皇城内设施。文思院上下界，为宋代官府经营的大型手工业作坊。绫锦院，负责生产锦绣的机构。军器监，为监督冶炼兵器的机构。上下竹木务，负责从地方和商人处收取竹木以供宫廷使用的机构。箔场，宋时专为挑选竹、木等原材料，供应皇室建筑所设的机构。车营、致远务，饲养牛、驴等牲畜的机构；骡务、驼坊，饲养骡子和骆驼的机构；象院，饲养大象的机构。作坊物料库，收取、储藏矿物等原料供手工业生产的机构。东西窑务，为皇室烧制陶器等手工艺品的机构。

内外物库，管理粮食供应的机构。油醋库，掌管调料供应的机构。鞍辔库，掌管鞍辔的机构。左右骐骥院、天驷十监，养马、鉴马的机构。河南北十炭场，管理石炭收购、销售的机构。四熟药局，掌管经加工炮制的药材的机构。内外柴炭库，给京城戍卫兵士提供炭火等用品的机构。军头引见司，负责检阅、调集军队，皇帝出巡有百姓告御状时，负责引见禀报。架子营，负责屋舍的修缮。榷货务，掌金帛等物品的贸易。都茶场，掌茶叶贸易。大宗正司，掌宗室族属事务。

左藏、大观、元丰、宣和等库，左藏库掌管财政赋税；大观库掌钱币、香料等高价值物品的收存；元丰库掌地方上缴中央后余留的财物；宣和库，掌管供皇室使用的财物。编估局，掌管市舶司所送香药、杂物及诸州、军所纳无用赃罚衣服等的拣选、估价事项，可堪使用者上交朝廷，不堪使用者送杂卖场出卖。打套所，负责将编估局挑选出的上交朝廷的物件分类包装。

宋代商业繁盛，官营手工业也很发达，规模庞大，在皇宫建筑中占据了很大的比重，政府也为此设立了繁多的手工业、商税管理机构。皇室手工业的发达和政府各项手工业、商业管理机构的设立也为宋代商品经济的繁盛起到了推动作用。

京城各处储存米、麦的仓库有：州城东面虹桥一带的元丰仓、顺成仓，东水门一带的广济、里河折中、外河折中、富国、广盈、万盈、永丰、济远等仓，陈州门一带的麦仓，州城北面夷门山、五丈河一带的粮仓，总计五十余所。

平日当遇有粮食的支出缴纳、装卸搬运之事时，即有属于下卸司的装卸兵士承担；如向外运发粮食，即有专事搬运的袋家，他们每人肩扛可装盛两石粮食的布袋前往码头装卸粮食。遇到发送粮食的日子，仓前就像集市一样热闹。

袋家，指装卸货物的人。

靠近新城（里城）有二十余所草场。每到冬季，各乡前来草场缴纳粮食柴草，装运的牛车充塞道路，首尾相连，成千上万，不绝于路，草场内粮草堆积如山。京城各处驻军申请从草场支领粮草时，为了对他们加以训练，防止养成懒惰恶习，如果他们的营寨驻扎在州北，反而会让兵士前往相反方向的州南的粮仓取粮，使得运粮的路程大大延长，且不许雇人搬运，全部要由兵士亲自扛回来，这是祖宗立下的法度。

宋代的祖宗之法，也叫“祖宗家法”“祖宗法”“祖宗之制”“祖宗法度”“祖宗典制”“祖宗故事”等。它并不是一种固定具象、条目清晰的实体，而是诸多规定背后起制约作用的一种规范，一种反映宋代制度文化的精神性内核，反映着一些探求治道的政治群体心目中的一种理念。随着时代推移，尤其是从北宋后期开始，百来年的前规后矩相继纳入了“祖宗家法”的大框架，使其内容十分驳杂庞大，外延边际也越发模糊。这一提法受到形势变化带来的各种压力，处于不断修正、不断解释、不断更新再造的进程之中。

梦华录·河道

电视剧《梦华录》中钱塘（今浙江杭州）茶坊老板赵盼儿在闻知未婚夫高中探花却另娶高官之女后，决定北上东京，赵盼儿在杭州登船，沿着京杭运河先到达了江苏镇江，而后经由汴河抵达了东京，首先映入她眼帘的，就是蜿蜒曲折的河道和两岸繁华的市井。

本卷主要介绍了东京城的城市布局（城门、河道、桥梁）和朝廷的宫殿、官署的格局，涉及了城市的防御、手工业及商业的管理和粮食仓储的分布和供应，孟元老以平白细腻的笔触，详尽细致地勾勒出了东京整体城建风貌。

开封为中国著名的古都，战国初期威名赫赫，令齐国、秦国深为忌惮的霸主魏惠王将都城从安邑迁到大梁（开封），开始了开封作为王朝都城的历史。随后五代后梁、后晋、后汉、后周均在此建都，北宋在此建都称为汴京，成为六朝古都。开封位于黄河中游，身居中原，地势平坦，为水陆会通、形胜繁饶之地，至北宋后期，城市人口已达百万之巨，是当时当之无愧的世界第一大都会。宋元之后，受黄河水患、泥沙淤积的影响，历史上的开封古城早已深埋在地面之下，唯有从宋元人的典籍之中，得以寻觅东京城的绚烂芳华。

开封地势平坦，南通江淮，河流在此作放射状南北分流，水系众多，为城市增添了许多灵动的景致，与民众生活息息相关，故此在第一卷中孟元老记述了多条东京城内的河流和名目繁多的桥梁。相传北宋初年吴越王钱俶向宋太祖赵匡胤进贡了一条腰带，珍贵异常，宋太祖受礼后说自己有三带，与此不同，钱俶请求一观，赵匡胤说这三条带子分别是汴河、惠民河、五丈河，钱俶为此深感惭愧，可见朝廷对于京城内河道的重视。

卷贰

生查子·元夕

欧阳修

去年元夜时，花市灯如昼。月上柳梢头，人约黄昏后。

今年元夜时，月与灯依旧。不见去年人，泪湿春衫袖。

廉家
熟食
從食蒸作

天之美禄
果子行
中山正店
萬福天下昇平
潘樓
香料鋪

御街

御街串联了多处坊巷，从宣德楼一直向南延伸而去。御街宽约二百步，街两边是御廊，官府原先允许商人在御廊下做买卖，在政和年间被禁止。两边御廊都安置了黑漆杈子作为隔离栏杆，行人均在廊下黑漆杈子之外行走。御街中间也安放了两行红漆杈子，以此来标识御街中心的御道，不准行人车马在此路上往来。

御街，京城的主干道，皇帝出行所走的道路，故得此名。御街从皇宫南面的宣德楼一直通向外城南薰门，是京城的中轴线，笔直宽敞，也串联起了京城主要的政府部门、商业街道和众多的景致。

御廊，御街道路两边搭建有屋檐的走廊。

两边御廊黑漆杈子内侧有两道御沟，沟壁由砖石相间砌成。宣和年间两边御沟水中都种植了莲、荷等植物，御沟岸边种植了桃、李、梨、杏等各种果树，不同的花、果相间开放，春夏之间，远远望去，犹如织出的锦绣一般秀色纷呈。

宣德楼前省府宫宇

出宣德楼顺着御街向前走，左边南廊对着左掖门，坐落着明堂颁朔布政府、秘书省，右边长廊南面正对着右掖门，靠近右掖门东面的是枢密院和中书省，靠近右掖门西面的是尚书省。沿着大内前的御街朝南走去，左边是供奉历代帝王、皇后御容的景灵东宫，右边是景灵西宫。再往南是大晟府，接着是太常寺。

秘书省，负责收藏、整理典籍，修订历法，撰写祭祀文书的机构。
大晟府，北宋时掌管音乐的官署，徽宗崇宁中创立。
太常寺，掌管宗庙祭祀的机构。

沿着御街过了州桥，在曲折处转弯就到了大街上，大街南面朝廷机构是左藏库。左藏库东边依次是郑太宰宅、青鱼市内行。

左藏库，分南、北二库，职掌收受四方财赋，以充国家经费。
内行，为售卖肉类的商铺。

景灵东宫南门大街以东，往南去依次为唐家金银铺、温州漆器什物铺、大相国寺，向南一直走会抵达十三间楼、旧宋门。

大相国寺，为东京最为繁盛的寺院，北齐始建，后废。唐为歙州司马郑审宅，旋施僧重建寺。唐睿宗李旦即位后，因曾被封相王，赐额改名相国寺。宋至道二年重建，宋太宗亲笔题名大相国寺。僧房散处，而中庭两庑可容万人，每月开放五次，为买卖货物之大市场。金章宗、元世祖、明太祖时相继重修。明末为河沙淤没。清顺治重建，乾隆重修，题名古汴名蓝。

十三间楼，后周时大将军周景威在京城宋门临汴水处修建的十三间楼阁。

从御街西廊朝南去，就到了景灵西宫，再往前走，向南转弯的街道上斜对着的是报慈恩寺街、都进奏院、百种圆药铺，沿着街道一直走，就到了浚仪桥大街。浚仪桥大街在景灵西宫的南边，两边也建有御廊和维持行人秩序的杈子。

进奏院，地方行政机构的驻京办事处。

沿街而行，就到了州桥，州桥往西走有一条大街，此处有水果商贩聚集买卖的果子行。街北面是都亭驿（辽国使臣的专用驿舍）。都亭驿对面是梁家珠子铺，梁家珠子铺四周聚集着售卖流行的纸画和鲜花水果等时鲜的店铺。此街通向浚仪桥，在浚仪桥的西边，就是开封府府衙所在。

从御街一直朝南去，过了州桥，街两边都是居民住宅。街东边的是车家炭行、张家酒店，旁边是王楼山洞梅花包子、李家香铺、曹婆婆肉饼铺、李四分茶店。走过这些店铺，就到了朱雀门，朱雀门的西边有一座桥，过了桥就到了西大街，被称为“曲院街”。

西大街南面是遇仙正店，遇仙正店规模很大，前有楼房，后有台阁，京城人称之为 “台上”。该店是酒店中的上等店家，酒食价格也较高昂，银瓶酒要七十二文铜钱一角，羊羔酒要八十一文铜钱一角。西大街北面是薛家分茶店、羊饭铺、熟羊肉铺。再向西去，全是妓女馆舍，京中之人称之为“院街”。御廊西面是鹿家包子铺，其余的房屋都是羹店、分茶店、酒店、香药铺和民居。

遇仙正店，宋代酒的酿造和销售由政府控制，部分酒店获得政府许可后从政府购买酒曲，自主酿造经营，称为正店，其余从正店买入成品酒水再分销的店铺为脚店。

分茶，在宋代有两种含义。其一为“分茶店”，宋时指酒菜店或面食店。其二为宋元时煎茶之法。注汤后用箸搅茶乳，使汤水波纹幻变成种种形状。此处为前者。

宋代商业庆典仪式十分隆重，遇仙正店前的楼房并不是通常的商业或居住用的建筑，而是装饰布帛用来吸引顾客的彩楼。

角，是古代的量器，为酒的计量单位，一角约为今天的八百毫升。

羊羔酒，是一种独特的以羊羯子肉为底料熬出肉汁，酿造出的酒，酒色呈晶莹的白色。朱翼中《北山酒经》曾记载道：“腊月，取绝肥嫩羯羊肉三十斤（三十斤内要肥膘十斤），连骨，使水六斗已来，入锅煮肉，令息软，漉出骨，将肉丝擘碎，留着肉汁。炊蒸酒饭时，酌撒脂肉于饭上，蒸令软，依常拌搅，使尽肉汁六斗。泼馈了再蒸，良久卸案上，摊令温冷得所，拣好脚醅依前法酘拌，更使肉汁二升以来，收拾案上及元压面水，依寻常大酒法日数，但曲尽于酴米中用尔。一法：脚醅发，只于酘饭内方煮肉，取脚醅一处搜拌入瓮。”

炸饼摊

朱雀门外街巷

出了朱雀门，东城墙一带也是百姓人家聚居之处。朝东去的大街与麦秸巷相通，大街上有座状元楼，其余的房屋都是妓馆，妓馆一字排开，一直延伸到保康门街。

御街东面的朱雀门外，向西通向新门瓦子，往南则通往杀猪巷，这条街巷上也都是妓馆。继续向南走是东、西两教坊，东、西两教坊周围都是民居和茶馆。此处人流量很大，四方辐辏，百业兴旺，街中心的商铺买卖到晚上尤为兴盛。

瓦子，又称“瓦市”“瓦肆”“瓦舍”，为娱乐兼营商业的场所，东京各类娱乐场所的总称。玩闹之徒忽聚忽散，犹如砖瓦之属，便将其聚会玩闹的场所称作“瓦舍”“瓦子”。

教坊是管理宫廷音乐的官署，唐代开始设置，专掌雅乐以外的音乐、舞蹈与百戏等的教习、排练及演出等事务。凡是宫中宴会，都用女乐歌舞表演，故官妓也称为教坊，宋、元、明皆沿设。

过了东西教坊就到了龙津桥，再向南去，又上了一条大街。道路的中央安放了朱漆的杈子，就像在大内前所设的杈子一样。道路东边是刘廉访宅，再沿路往南是太学、国子监。过了太学有一条横街，横街上开有太学的南门，街南是熟药惠民南局。再往南去五里左右的路程，两边全都是民居，人丁兴旺。

太学、国子监，宋代的最高学府。

熟药惠民南局，官办的制药和向百姓售药的机构。

廉访，即廉访使者，掌管监察官吏。

沿着这条道路往下走，有一条朝东去的横大街，这条横大街通向五岳观后门。沿着横大街走约半里就到了看街亭，平常皇帝到此行幸时，会登上看街亭观看过往的车马行人，民众此时也会表现得喜气洋洋，精神抖擞，山呼万岁，一片太平盛景。再向东走，沿途有贡院、什物库、礼部贡院、车营务草场。街南是葆真宫，再往下走，就一直通向了蔡河上的云骑桥。

贡院是在地方主持州试的州贡院，礼部贡院是礼部举行科举考试的会场。

车营务草场，车营务是饲养官府所用牛驴等牲畜的机构，草料场为其下属的喂养牲畜的草场。

如果从御街走向南薰门，可以看到街道的西边就是雄伟壮丽的五岳观。

从西门向东走，有一条柳荫遮蔽的牙道，长五里左右，景致清幽，一路走去依次是观桥、宣泰桥，其间还坐落着中太一宫、佑神观。

五岳观，和后面的葆真宫一样属于道观。五岳观祭祀五岳圣帝和少室山、武当山等十山山神。

中太一宫，是供奉道教神祇太一神的宫殿，太一神在道教神仙体系中有着很高的地位，代表着宇宙元气。北宋皇室崇信道教，在京城修建了许多的道观，除了中太一宫，还建造有东太一宫、西太一宫和北太一宫。

御街南边是明丽殿、奉灵园、九成宫，颇有皇家威仪，尤其是九成宫内安置着镇国之宝——九鼎，更是我朝一大盛举。这些皇家建筑的最东面是迎祥池，两岸杨柳低垂，池中生长着菰蒲莲荷，野鸭、大雁在其间游泳，景色秀美，富有生趣。迎祥池中有桥梁、亭阁、楼台、水榭，景致多样，像是棋子一样密布池中，相对耸峙，构思精巧，此处为皇家禁地，只有到每年的清明，朝廷才准许百姓入内烧香、游观一日，感受皇家园林的风范。

九鼎，宋徽宗时道士魏汉津请铸九鼎象百物，铸成后安放在九成宫。

龙津桥南，御街西处是邓枢密的宅院，往南走，就到了武学巷，巷内有曲子张的住宅和供奉着姜子牙等著名兵家塑像的武成王庙。沿着武学巷再往南是著名的张家油饼铺，旁边是明节皇后宅邸。在此处有条通向西边的大街叫大巷口。顺着大巷口街向西行，可以看到颇有名气的清风楼酒店，很多京城人夏天晚上在此乘凉宴饮。经过清风楼酒店再往西就到了老鸦巷口，此处有军器所，规模很大，作坊、仓库很多，一直绵延到俗称为“第一座桥”的桥头上。这是大巷口西边的情景。

武成王即姜太公，太公望。唐肃宗时期尊太公望为武成王，改太公尚父庙为武成王庙，祭典与祭文宣王（孔子）同。宋真宗加封太公望为“昭烈武成王”，曾设七十二名将从祀。

明节皇后刘氏，是北宋徽宗赵佶的第四任皇后。由宫人晋升为四妃之首的正一品贵妃，谥号为明节和文贵妃，后来又按照明达皇后的追封方式，也追赠为皇后，谥号为明节皇后。

佚名　征人晓发图绢本

如果从大巷口街向南走，会走到延真观，延真观很受朝廷的礼遇，饶有资产，观里的道士常在此接待、安置四方来京云游的道士和信徒。延真观南面再折向西是一条小巷，街巷口子上有一座“三学院”，顺着小巷向西去就会抵达一条叫宜男桥的小巷。沿着巷子再往南去就是南薰门。一般士人、百姓为亲友举行殡葬时，随行送葬车辆都不得经由此门而出，据说是此门正好与大内相对的缘故。但是当乡下百姓要进京城宰杀饲养的肥猪时，南薰门就得向民众开放，每天傍晚，从此门进京送交宰杀的猪多至万头，却只有十余人在后驱赶，他们经验丰富，看管下的猪群从来没有乱窜的现象。

州桥夜市

出了朱雀门，一直走到龙津桥。再经过州桥向南走，就走到了夜市一条街，人声鼎沸。当街有商贩出售水饭、爊肉（烤肉）、肉干等各类熟食。王楼前有卖獾肉、野狐肉、风干鸡等禽畜兽类的摊贩。其中梅家食铺和鹿家店铺以价廉物美著称，他们出售的鹅、鸭、鸡、兔、肚肺、鳝鱼、包子鸡皮、腰肾、鸡碎，每份不过十五文。附近还有一家曹家店铺，主要出售从食（小食、点心等）。

夜市

水饭，即稀饭、粥。

爊（āo）肉，指把食物埋在灰火中煨熟。

从食，即小食或点心。

到了朱雀门一带，热闹不逊于州桥夜市，此处有现煎现卖的羊白肠、腌鱼、腌肉、爊冻鱼头、姜豉、剿子、抹脏、红丝、削切羊头肉、香辣猪羊蹄、姜辣萝卜等熟食。夏天有麻腐鸡皮、麻饮、细粉、素签、沙糖冰雪圆子、水晶皂儿、生淹水木瓜、药木瓜、鸡头穰沙糖、绿豆甘草冰雪凉水、荔枝膏、广芥瓜儿、咸菜、杏片、梅子姜、莴苣笋、芥菜辣瓜儿、细料馉饳儿、香糖果子、间道糖荔枝、越梅、锯刀紫苏膏、金丝党梅、香橙圆子等凉食出售，这些凉食全都用梅红色的盒子盛贮，方便携带、饮食。冬天则有盘兔、现场炙烤的猪皮肉、野鸭肉、滴酥水晶鲙、煎夹子、猪杂碎之类热食出售，颇能驱寒。这条街市一直延伸至龙津桥桥上卖须脑子肉的店铺为止。百姓将州桥附近这一带所售的食物叫作“杂嚼”，街市的营业时间从白天一直延续至三更，烟火缭绕，凌晨稍有停歇，又开始准备早市。

羊白肠，是用羊大肠灌羊血，加入羊油。羊油色白，故称羊白肠，又称羊霜肠。爊冻鱼头的做法，宋人记载说：“取羊蹄子内筋数条，先煮熟，研如膏，后取鱼事治了，同煮熟，漉入盆扇冷，便冻。”姜豉，用生姜和豆豉拌成的调料。剿子，切得很薄的肉。抹脏，片成薄片的内脏。红丝，种类不一，或粉或肉或蔬菜或猪羊鸡等动物血，多以备调味之用。元人忽思慧《饮膳正要》“红丝”条：“羊血同白面依法煮熟，生姜四两，萝卜一个，香菜、蓼子各一两，

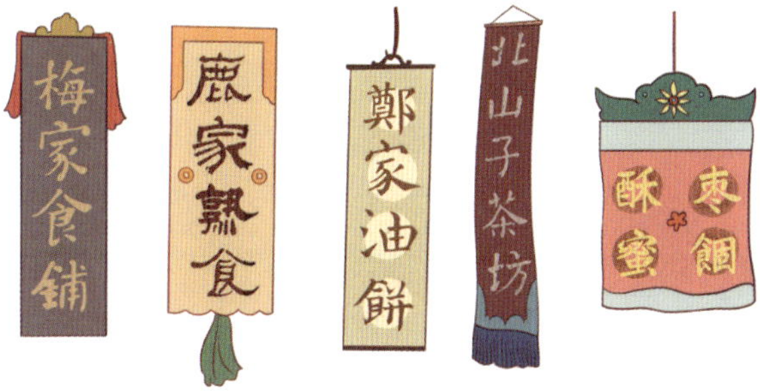

州桥夜市招牌

果子点心

切细丝。上件，用盐、醋、芥末调和。”麻腐鸡皮，麻腐为一种由芝麻为主料加入淀粉制成的食品，类似于豆腐。麻腐鸡皮指将麻腐与鸡皮一同拌食。麻饮，是类似于芝麻糊的食品。细粉，类似于今之粉丝。素签，用签穿的素食，今之串串香，《山家清供》记载有“豆黄签”：“豆、面、细茵，曝干藏之。入酱青芥、菜心同煮为佳。”水晶皂儿，将皂角树的种子煮熟，泡在糖水中，浸透后如同水晶。鸡头穰，鸡头的果肉。鸡头即芡实，属一年生水生草本植物。细料馉饳儿，细料指用料精细；馉饳儿，一种带馅的面食，类似馄饨。盘兔，《居家必用事类全集》记载有盘兔的做法：“肥者一只，煮七分熟，拆开，缕切。用香油四两炼熟，下肉，入盐少许，葱丝一握，炒片时，却将元汁澄清下锅，滚二三沸。入酱些小，再滚一二沸。调面

生淹水木瓜

油碢

丝，更加活血两杓，滚一沸。看滋味，添盐醋少许。若与羊尾、羊膘缕切同炒，尤妙。”滴酥，在饼食上用酥油滴成花果等图案。水晶鲙，将切细的鱼、肉碎片配以佐料，经烹煮、冷冻后而成的半透明块状食品。煎夹子，有馅儿的煎饼。

供应菜蔬

李嵩　月夜看潮图

李嵩　水殿招凉图

东角楼街巷

从宣德楼向东去可以走到东角楼，即皇城的东南角。由十字街朝南去，是姜行。由高头街朝北去，会走到纱行，再往北，就到了东华门街，继续前行，其后依次是晨晖门、上清宝箓宫，一直走会到达旧酸枣门，此处店铺相连，最是京师繁华热闹之所，这一片地在宣和年间已改建为夹城官道。

上清宝箓宫，宋徽宗时兴建的著名道观。

角楼，建在角台上的阁楼建筑，是城墙防御工程的重要组成设施，起瞭望和防御作用。

夹城官道，从东华门北到景龙门之间的两侧带墙街道，方便皇帝出行不被外人看到。

潘楼招牌

从此处向东去就到了潘楼街，街的南侧有一家特色店铺叫“鹰店”，只接待各地过往的贩卖鹰隼之类猛禽的客商，除此家“鹰店”外，附近的大多是买卖珍珠丝绸、香料药材的店铺。

潘楼街向南走有一条巷子与其他街道相通，该巷叫作“界身巷”，里面有很多金银、彩帛交易的场所。这里房屋楼宇雄伟壮美，店铺门面十分宽广，远处望去，高耸繁密。这里的每一笔交易，金额往往以千万计，所见所闻令人惊骇。

潘楼街往东边去有一条街更是热闹非凡，这条街的北面有一家名动京城的潘楼酒店，楼下也聚集了众多商家，每天从五更起就开始了商业交易，此处买卖的商品包括衣物、字画、珍玩、犀角玉器。到天亮时，餐店会迎来许多就餐的食客，早上供应的菜肴就已经无比丰

潘楼

盛，包括羊头、肚肺、红白腰子、奶房、肚胘、鹌鹑、兔子、斑鸠、鸽子等野味，以及螃蟹、蛤蜊等海鲜，等到早上的食品摊收拾完打烊后，各种手艺人前来摆摊交易，买卖零星的原材料和物品。

潘楼酒店，东京著名酒楼。《都城纪胜》记载："酒家事物，门设红杈子绯缘帘贴金红纱栀子灯之类。旧传因五代郭高祖游幸汴京潘楼，至今成俗。"

宋代腰子所作菜肴常见，但罕有红白并举的情况。对于红白腰子有两种说法，其一为赤、白二类分别指猪腰子、羊腰子；其二为分别指肾脏与睾丸。

奶房，供食用的动物乳房。

肚胘，肚指动物的胃部，特别是牛，如毛肚；胘指牛百叶，呈叶片状。

枣干

午饭后，各类零食糕点上市兜售，供应的零食品类有酥蜜食、甜枣饼子、澄砂团子、香糖果子、蜜饯雕花等。傍晚，则有商贩贩卖仿制的头饰、帽子、梳子、领抹、珍奇玩物、日用器具之类的物品。

酥蜜食，酥酪与蜂蜜做成的食品。

澄砂团子，汤圆之类的食品，以豆沙为馅。

蜜饯雕花，蜜饯是一种将果品用蜜糖浸渍成的食品。这里的雕花是指在腌制前先在果品上雕刻出花纹。

瓠羹，用葫芦类的瓜果做成的菜肴。

宋代的仿制的头饰称何娄头面，指意即假货或质量低劣的商品。

领抹，领巾一类的物品。

夏明远　楼阁图

沿着这条街再向东去即是徐家瓠羹店。街的南面是桑家瓦子，桑家瓦子附近靠北的是中瓦，其次是里瓦。这几家瓦子里有大小勾栏五十余座。其中以中瓦子的莲花棚、牡丹棚，里瓦子的夜叉棚、象棚规模最大，可容纳数千人。自从丁先现、王团子、张七圣等著名艺人在此长期演出后，来这里表演的艺人大增。瓦子里有各色人等，十分热闹，有卖药的、占卦的、叫卖旧衣的、表演搏击角斗的、买卖饮食的、剪纸花的、理发的、演唱曲子的，等等。喜欢玩乐、休闲的人们整天待在这里，随时都有新奇好玩的东西供其消遣，来客沉迷其中，时光飞逝，不知不觉就到了日暮时分。

勾栏，宋、元时代的剧场或卖艺场所。

中瓦、里瓦，都属于瓦子，因位置不同而名称不同。

丁先现，北宋宫中教坊的乐师，语言诙谐，敢讽喻朝政，年老后出宫在东京街巷上表演谋生。

潘楼东街巷

潘楼街向东去前往十字街的路上会经过土市子，又叫竹竿市。经过土市子再向东走就到了十字大街，十字大街上有家从行裹角茶坊。这一带每天五更起即点灯交易，买卖衣物、图画、花环、领抹之类的商品，到天亮时即散市，因在晚间交易，因此又叫作鬼市子。

再往东走，沿路街道的北面有赵十万宅，街道的南面有中山正店，此处还通往东榆林巷和西榆林巷；街道的北面还坐落着郑皇后宅。再往下走，街东头拐弯处靠北墙边是单将军庙，旁边是单雄信墓。墓上有棵枣树，世间传说是单雄信使用的武器枣槊发芽，生长成了这棵枣树，因而民间又把这个巷子叫作枣冢子巷。再朝东去即是旧曹门街，街上有北山子茶坊，里面有仙洞、仙桥等人工打造的景色，仕女夜游时往往在此处喝茶赏景，恍如置身仙境。旧曹门街附近还有李生菜小儿药铺、仇防御药铺。

此处说到的郑皇后宅，是宋徽宗赵佶的第二任皇后。由才人晋升为皇后。靖康之变后，与宋徽宗一起被俘北上，押往金国，后与宋徽宗等人一起被迁徙至五国城。

单雄信，隋末唐初时期的猛将，隋朝末年，参加瓦岗起义，跟随魏公李密，授左武侯大将军，参加偃师之战。兵败归降王世充，授大将军，后跟随王世充投降唐军，遭秦王李世民处死。相传其善在马上用槊，号称飞将。据《酉阳杂俎》，单雄信的兵器由其所种之枣树制成，故后文有枣槊发芽的说法。

仇防御药铺，防御是宋时的武官职衔，但也会用以授予技艺精湛的医生。

鬼市子

出了旧曹门就到了朱家桥，朱家桥附近有成片的瓦子。过了桥就是南斜街、北斜街，街上有泰山庙，两条街上都开设有妓馆，人声嘈杂。桥头人烟稠密，市井气浓厚，不亚于城南。再往东是牛行街，有下马刘家药铺、看牛楼酒店，街上也有妓馆，顺着牛行街一直走会抵达新城。

自土市子朝南走去，一路上有铁屑楼酒店、皇建院街、得胜桥郑家油饼店，得胜桥郑家油饼店生意兴盛，规模很大，动辄出锅二十多炉油饼。再一直朝南就到了太庙街，街上有著名的酒楼高阳正店，此处夜市格外兴盛。

从土市子朝北去，就到了马行街。街上人流众多，喧嚣热闹。从土市子到马行街会经过一条十字街，这里的市场叫作鹩儿市（妓女也被称为鹌鹑，此处妓院众多，故得此名），鹩儿市向东的巷子叫东鸡儿巷，向西的巷子叫西鸡儿巷，都是妓馆汇聚之地。鹩儿市向北最近的街叫杨楼街，杨楼街东侧有家酒楼叫庄楼，今改名叫作和乐楼，楼下即卖马的集市。靠近北边的酒楼叫任店，现今改作欣乐楼，对门是马铛家羹店。

酒楼

凡是京城中的酒店，在门口都扎有彩帛装饰的彩楼欢门，作为吸引顾客的华丽陈设，只有著名的大酒楼任店不是这样。进入任店店门后，庭院内是一条长约百步的笔直主廊，主廊南北两端各有一个天井，南北天井两边的廊道旁都是包间，晚上，点燃灯笼、蜡烛，将酒店照耀得极为明亮。酒楼上下灯烛映照，星光斑点令人沉醉，又有浓妆艳抹的妓女数百人，聚集在主廊的廊檐下，花枝招展，等待酒客的召唤，在婆娑夜景的映衬下看上去好像天上的仙女一样。

彩楼欢门，彩楼指用彩色绸帛结扎的棚架，上饰有花鸟、流苏、贴金红纱橘子灯，一般用于祝贺节日盛典喜庆之事。欢门指以五彩装饰的铺面。

任店，是京城中一座以富丽堂皇著称的酒店，其酿造的“仙醪”酒颇有名气。

出了任店朝北走，是一家杨楼酒店，从杨楼酒家以北穿过马行街，会看到东西两侧各有一条巷子，分别叫作大货行巷和小货行巷，这两条巷子所居住的大都是工于技巧者（主要为手工业者），故得此名。小货行巷通向鸡儿巷的妓馆，大货行巷通向笺纸店、白矾楼。

笺纸店，指贩卖文书用纸的店铺。

白矾楼是京城颇负盛名的酒楼，后改名为丰乐楼，宣和年间，重新翻修为三层的高楼，白矾楼周围有五座高楼，相对围绕在一起，各楼之间，或明或暗地用带有栏杆的飞桥相互联通。白矾楼各个房间都挂着珍珠缀成的门帘，门帘上挂着带有刺绣的门额，珠子和刺绣在灯影烛光下晃动闪耀，光彩夺目。

佚名　盥手观花图

白矾楼翻修完成刚开张的时候，每当有先到的客人，即馈赠金旗一面，送完为止，吸引了许多客人的涌入，过了一两夜，这个活动就停止了，而客流量却只增不减。元宵夜之时，白矾楼在每一条屋檐瓦片下，都挂上一盏莲花状的灯，映照得酒楼如白昼般璀璨。白矾楼内的西楼修得很高峻，旅客往往在此凭栏远眺，不由得感慨万千，诗兴大发。后来突然禁止客人登临此楼眺望了，因为在白矾楼西楼楼顶可以俯视皇宫，内部看得清清楚楚，为官府所忌讳。大致上来说，京城中的酒楼、瓦子，不论风雨寒暑、白天黑夜，都连续营业，吸引了众多的京城中人前来纵情享乐。

彩楼欢门

白矾楼，是东京最为著名的酒楼，楼主原做白矾生意，以此楼堆放白矾，故得名。后改为酒店，名为樊楼，生意兴盛，仁宗时每年花费五万斤官粮酿酒。在后世的文学作品中时常会提及此楼，冯梦龙《醒世恒言》第十四卷《闹樊楼多情周胜仙》写道："如今且说那大宋徽宗朝年，东京金明池边，有座酒楼，唤作樊楼。"

京城著名的酒楼比比皆是，我知道的如州城东宋门外有仁和店、姜店，州城西有宜城楼、药张四店、班楼，金梁桥下有刘楼，曹门有蛮王家、奶酪张家，州城北有八仙楼， 戴楼门附近有张八家园宅正店，郑门有河王家和李七家正店，景灵宫东墙周围有长庆楼，等等。在京城的可自行酿酒并向其他酒店批发酒水的酒店称为正店，共有七十二户，其余的酒店都叫作"脚店"，他们从正店购买酿好的酒零售，这些酒店的数量更是多如牛毛，不能一一列举。

这些酒楼还提供昂贵精细的下酒菜肴，以供宫中贵戚、官宦宴饮的需要，京城中有名的厨子大多在酒楼任职，其中首推一名姓白的厨子和住州城西南安州巷的厨子张秀，此外还有住保康门的李庆家，一名住东鸡儿巷姓郭的厨子，一名住郑皇后宅后姓宋的厨子，一名住曹门砖筒李家的厨子，一名住寺东骰子李家的厨子，还有厨子黄胖。

九桥门街市上的酒店，彩楼相对，旌旗招展，遮天蔽日，是宴饮的聚集之地。政和以来，数景灵宫东墙下长庆楼酒店的生意最为兴盛。

饮食果子

酒店热闹的生意给许多人带来了赚钱的机会。凡是在酒店里负责迎送客人，为其呈递茶、烟、酒，招呼、服侍客人点菜的伙计叫作“茶饭量酒博士”。至于在店中当班打杂的青年男子，全都通称叫作“大伯”。另有街坊间的妇人，腰间系着青花布手巾，头上培起高高的发髻，在店中为酒客换汤斟酒，当时习俗将她们叫作“焌糟”。还有的城中百姓到酒店，见了那班年轻的不务正业的浪子、嫖客，就上前去小心伺候巴结，听从使唤，为他们购买酒食、召唤妓女，或者为他们做取钱送物之类的事，这类人叫作“闲汉”。又有一些主动上前为酒客换汤、斟酒、歌唱，或者献上各色果子、香药之类，等酒客筵席散时得些赏钱的人，叫作“厮波”。此外，还有些下等妓女，不经招呼，主动来到酒客席前歌唱，为避免纠缠，酒客往往临时用些零星钱物送给妓女让她们离去，这种妓女叫作“札客”，也叫作“打酒坐”。还有那些卖药或卖果实、萝卜之类食物的人，不论酒客买与不买，就将所卖之物一一散发给在座的酒客，涎皮赖脸强行售卖，酒客为避免招惹麻烦，往往会给他些财物了事，这类人叫作“撒暂”。像这样的人，城内酒家处处都有，成为许多人谋生之一技。唯独州桥炭张家、乳酪张家，不放前面所说的种种人入店内叨扰，这两家店铺也不出售各种普通菜肴，只提供上好的腌藏的蔬菜，且卖的全都是清一色的好酒。

博士，此处是对茶坊伙计、手工艺者的尊称，犹后世称人为师傅。厮波，厮，仆从；波，奔波。此处意类跑腿。

茶饭是酒店普遍供应的一种美味，所谓的“茶饭”，包含的种类甚多，有百味羹、头羹、新法鹌子羹、三脆羹、二色腰子、虾蕈、鸡蕈、浑炮等各类羹汤，还有旋索粉玉棋子、群仙羹、假河鲀、白渫齑、货鳜鱼、假鼋鱼、决明兜子、决明汤齑、肉醋托胎衬肠、沙鱼两熟、紫苏鱼、假蛤蜊、白肉、夹面子、茸割肉、胡饼、汤骨头、乳炊羊、羜羊、闹厅羊、角炙腰子、鹅鸭排蒸、荔枝腰子、还元腰子、烧臆子、入炉细项莲花鸭签、酒炙肚胘、虚汁垂丝羊头、入炉羊、羊头签、鹅鸭签、鸡签、盘兔、炒兔、葱泼兔、假野狐、金丝肚羹、石肚羹、假炙獐、煎鹌子、生炒肺、炒蛤蜊、炒蟹、渫蟹、洗手蟹之类各式菜式，客人随时现场索取传唤菜品，店家马上就能供应送上，不会短缺菜单中的任何一样。或者客人提出自己对菜肴的独特需求，酒店也能都办到，实时供应。

三脆羹，三种野菜做成的羹汤。二色腰子，猪和鸡的腰合炒做成的菜。群仙羹，各种菜品混合制成的羹汤。假河鲀，即假河豚，河豚肉味鲜美，堪称绝味，但内有剧毒，烹煮过程中稍有不慎，就会导致食客中毒身亡，但食者仍趋之若鹜。许多餐馆打着河豚的名义，用别的鱼肉冒充做菜肴，被称为假河鲀，唐宋时的仿制食物，也称为假某菜。白渫虀，蔬菜用水煮熟后加以姜蒜等作料搅拌而成的凉菜。假鼋鱼，肉质口感似鳖的食材为原料做的羹汤。兜子，一种面食。肉醋托胎衬肠，将剁碎的肉塞入小肠中做出的食品。沙鱼两熟，一种素食。假蛤蜊，将鳜鱼切成蛤蜊肉状，腌制而成，味道、菜色与蛤蜊相同，故称假蛤蜊。烧臆子，烧动物的胸口肉。入炉细项莲花鸭签，鸭切片如莲花状。渫蟹、洗手蟹，渫蟹为水煮蟹，洗手蟹是将蟹洗净后腌制而成，洗个手的时间就可马上食用，故得此名。

酒店厅堂内还有外来商贩，借酒店的场子来售卖食物，他们来店内售卖的熟食包括炙鸡、烤鸭、羊脚子、点羊头、脆筋巴子、姜虾、酒蟹、獐巴、鹿脯、蒸煮的小吃点心、海鲜、时鲜瓜果、旋切莴苣、生菜、西京笋等。

羊脚子，羊脚蒸煮去骨后的食物。脆筋巴子，口感香脆的肉干。

炒蟹

决明兜子

旋切莴苣

店里还有些年轻的侍从，身穿白虔布衫，拿着青花手巾，抱着白磁缸子在店内走来走去叫卖店主自制的辣菜。他们还会托着小盘子叫卖各种果干，包括旋炒银杏、栗子、河北鹅梨、梨条、梨干、梨肉、胶枣、枣圈、梨圈、桃圈、核桃肉、牙枣、海红、嘉庆子（李子的一种）、林檎旋（林檎即沙果、花红，条状的食物称为旋）、乌李、李子旋、樱桃煎、西京雪梨、夫梨、甘棠梨、凤栖梨、镇府浊梨、河阴石榴、河阳山楂、山楂条、沙苑温桲、回马孛萄（南疆地区产的葡萄）、西川乳糖、狮子糖、霜蜂儿、橄榄、温州柑子、绵枨、金橘、龙眼、荔枝、召白藕、甘蔗、漉梨、林檎干、枝头干、芭蕉干、人面子、巴览子、榛子、榧子、虾具，此外还有各类蜜煎香药、果子罐子、党梅、柿膏儿、香药、小元儿、小腊茶、鹏沙元之类的。还有卖方便熟食如软羊诸色包子、猪羊荷包、烧肉干脯、玉板鲊、犯鲊、片酱之类的菜肴。

紫苏鱼

酒店干杂活的年轻服务员也被称为小儿子。

樱桃煎，樱桃汁加糖制成的饮料。

人面子，南方所产的一种水果，《本草纲目》记载：“结子如桃实无味……其核正如人面可玩。”

玉板鲊、犯鲊，腌制的鱼肉。

樱桃煎

佚名　秋花图

其余的小酒店，也售卖供下酒的菜，小酒店常见的菜品有煎鱼、鸭子、炒鸡兔、煎燠肉、梅汁、血羹、粉羹之类的，每份不过十五个铜钱，价廉物美。京城各酒店陈设都很讲究，必有厅堂庭院，在前面是曲折回环的走廊，在走廊两旁排列着小包间，各包间装修雅致，墙上装有吊窗，外植花竹，门口都垂挂着门帘帷幕作为遮蔽，食客在包间招来妓女歌唱嬉笑，也不会影响到其他包间的人，大家各自均感稳妥方便。

吊窗，用支棍向外前方支撑起来的窗户。

梦华录·饮食

电视剧《梦华录》中赵盼儿、宋引章、孙三娘三姐妹来到东京后，决定开茶坊，孙三娘的厨艺非常精湛，于是在茶铺中也供应上了多样的美味小吃，在赵盼儿开的茶铺里，美食有鹿鸣饼、桃花果子、蜜饯雕花、梨条桃圈、碧涧豆儿糕、鲜花团子、锦荔枝、梨肉好郎君、越梅蜜饯、梨条桃圈、梅子姜、黄中饼等，饮料则有桂花蜜、桂花饮、桂花茶果、紫苏饮子、青凤髓、灵隐佛茶、龙凤茶、双井白芽茶、临江玉津、方山露芽、 谢源茶、玉泉酒、桂花酿、菊花饮、红果饮。精致糕点、爽口饮料实在令人目不暇接，而宋代市井上的饮食，远比《梦华录》中的美食多多了。

宋代的小吃品类繁多，工艺精湛，《居家必用事类全集》庚集有“从食品”条：“白熟饼子，头面三斤。内一斤作酵面，一斤作汤面，一斤饧、蜜、水和。三件面一处和匀，揉一二百拳，再放暖处，停一时许。伺面性行，暄泛，再揉一二百拳。逐旋取面作剂，用骨鲁槌捍开，入红炉煿熟，鏊上亦可。捍饼入蜜少许不脆硬。山药胡饼，熟山药二斤、面一斤、蜜半两、油半两，和搜捍饼。烧饼，每面一斤，入油半两、炒盐一钱，冷水和搜，骨鲁槌砑开。鏊上煿得硬，煻火内烧熟极脆美。肉油饼，白面一斤、熟油二两半、猪羊脂各二两，剁碎，酒一盏，与面同和。如硬，入羊骨髓。分作十剂，捍开，包馅。用托子印花样，入炉煿熟。筵席上，大者每分供二个，小者供四个。馅与馒头生馅同。或者供素食，蜜穰馅、枣穰亦可。酥蜜饼，面十斤，蜜三两半。羊脂油春四夏六秋冬三两，猪脂油春半斤夏六两秋冬九两，溶开，倾蜜搅匀，浇入面搜和匀。取意印花样。入炉熬，纸衬底，慢火煿熟供。七宝八卷煎饼，白面二斤半，冷水和成硬剂，旋旋添水调作糊。铫盘上用油摊薄煎饼，包馅子，如卷饼样。再煎供。馅用羊肉炒燥子、蘑菇、熟虾肉、松仁、胡桃仁、白糖末、姜米，入炒葱、干姜末、盐、醋各少许，调和滋味得所用。金银卷煎饼，鸭卵或鸡卵打破，清、黄另放，添水调开，加豆粉再调，摊作煎饼。包馅，再煎。每分供一对，作下饭。馅炒熟。烙面角儿，面二斤半。烧汤升半，候滚，倾下面八停，留二停作饽。用汤搅，烙熟，取出，晾冷，搜剂，捍皮。包炒熟馅子，捏成角儿，入盏，脱下炉爊煿熟。素馅皆可。盏酪爊油，以面调作稠糊，摊作厚煎饼。糊转，慢火煿熟。不可焦了。取出，入蜜和，为剂，捍为厚饼样，包熟馅子。印脱花样，深油炸黄色。或手按圆，炸之。素馅亦可。圆爊油，面二斤半。内六分，熟水和碱、酵各一合，化作水，入面调打泛为度。馅用熟者，如弹子。将面、馅上手包裹了，虎口即出，滚深油内，炸熟为度。餶饠角儿，面一斤。香油一两，倾入面内拌。以滚汤斟酌逐旋倾下，用枚搅匀，烫作熟面。挑出锅，摊冷，捍作皮。入生馅包，以盏脱之，作蛾眉样。油炸熟，筵上供。每分四只。”

仅仅从这本居家百科全书的小吃一条，就可以看出宋代饮食的繁盛，而这种日常休闲消费得以繁荣的前提，是城市商业的高度发达和人民收入水平的提高。

卷叁

御带花·青春何处风光好

欧阳修

青春何处风光好，帝里偏爱元夕。万重缯彩，构一屏峰岭，半空金碧。宝檠银钰，耀绛幕、龙虎腾掷。沙堤远，雕轮绣毂，争走五王宅。

雍容熙熙昼，会乐府神姬，海洞仙客。拽香摇翠，称执手行歌，锦街天陌。月淡寒轻，渐向晓、漏声寂寂。当年少，狂心未已，不醉怎归得。

大相國寺

孟家解卦
丁家素分茶铺
宋家生藥鋪

马行街北诸医铺

马行街向北去，街道两旁是小货行、时楼酒店、大骨傅药铺，一直往北走最后抵达的是旧封丘门。旧封丘门所在街道的两侧都是穿佩金紫服饰的医官坐诊的药铺，这些药铺坐诊的医官各有专长，如杜金钩家、曹家专门制作治耳聋耳鸣的独胜元，山水李家专卖治口齿咽喉疾病的药物，石鱼儿班防御、银孩儿柏郎中家专医小儿各种病症,大鞋任家专擅妇女产科。此外该处还有很多出售各种香药的店铺和官员的宅舍，在此不再一一记录。这里的夜市比州桥一带又要兴盛百倍，车马充塞拥挤，行人几乎无法在原地停留立足, 被人潮裹挟着前行，京城里的人把这里叫作“里头”。

药铺招牌

李唐　灸艾图

佚名　杂剧（卖眼药）

马行街北许多药铺在此聚集，药铺往往悬挂御医的牌匾，在京城这一人丁繁茂之地客源不断，收益颇丰。《铁围山丛谈》就记载说：“马行街南北几十里，夹道药肆，盖多国医，咸巨富。”

独胜元，中药方剂名，主治耳聋耳鸣。

金紫医官药铺，宋代宫廷御用医官有金印紫绶，东京城药铺店家往往自称祖上为宫廷医官，以此招揽顾客。

石鱼儿班防御，石鱼儿为街道名，班防御，低级武官官衔，有时也授予医官，此亦是药铺打出的招牌，宣称祖上为御医。

大内西右掖门外街巷

从皇宫向西去，会经过右掖门和祆庙。沿着这条街一直朝南走就到了浚仪桥。如果沿着大街西行就到了尚书省的东门。尚书省前有一条横街，横街的南边就是御史台，西边即祭祀天地之所。尚书省南门正对开封府的后墙。尚书省西门正对着一条叫作“西车子曲”的街巷。街巷里最有名的小吃店是史家的瓠羹、万家的馒头，在京城中也是数得上第一的美味小食，在小吃店铺旁边是吴起庙。出了“西车子曲”街巷巷子口，就到了皇宫的西角楼。

祆庙，琐罗亚斯德教庙宇。祆教即琐罗亚斯德教，是伊斯兰教诞生之前中东和西亚最具影响力的宗教，古代波斯帝国的国教，因信徒在火前祷告而又得名为拜火教。崇拜火、日月、星辰，南北朝以来，粟特商人从事的贸易活动促进了琐罗亚斯德教在中国的传播。

郊社，祭祀天地之所。冬至祭天称郊，夏至祭地称社。

瓠羹，用瓠叶等煮成的浓汁食品。

馒头，宋元馒头多有馅料，类似今之包子。

吴起，战国时人，著名的政治家、军事家、改革家，先在魏国为大将，后在楚国推行改革，国力大增，因触犯贵族利益而被乱箭射死。唐肃宗时，位列武成王庙内，成为武庙十哲之一。宋徽宗时追封广宗伯，成为武庙七十二将之一。

从尚书省前的横街向西去会通到踊路街，踊路街南面是太平兴国寺的后门，北面则对着启圣院。踊路街西边是殿前司，与殿前司相对的是清风楼、无比客店、张戴花洗面药、国太丞药铺、张老儿药铺、金龟儿药铺、丑婆婆药铺、唐家酒店，再往前走一直抵达梁门。梁门的正式名叫阊阖门。出了梁门向西去，道路北面是道观建隆观，观内的东廊有姓于的道士摆药摊，专门贩卖医治齿病的药物，很多京城中的人都从他这买药来医治牙病。街道的南边是太师蔡京的宅园。

踊路，一说楼房之间有棚顶的通道，一说院落中用砖石砌成的路。

启圣院，原为京城禁军驻地，赵匡胤的弟弟赵匡义在父亲驻扎此地时在此诞生，宋太宗赵匡义即位后修建此院。

殿前司，殿前诸班直，步、骑诸指挥的直接统领机构。掌握殿前诸班直及步骑诸指挥官兵名籍，总领其统制、训练、轮班宿卫与戍守、迁补、赏罚之政令。殿前司所属诸班直、步骑诸指挥在内为皇宫禁卫，随驾出行则为皇帝近卫，随侍左右。在国家大型祭典上，执行仪仗、引导、安保、护卫任务。与侍卫亲军司合称“两司”。其下属机构殿前都指挥使司与侍卫亲军司下属机构侍卫亲军马军都指挥使司、侍卫亲军步军都指挥使司合称“三衙”。

沿着街道再向西去是州西瓦子，州西瓦子规模很大，南面从汴河堤岸起，向北面一直延伸到梁门大街，与城内的里瓦相连接，其长度大约有一里地。

走过街道，北边就是原先的宜城酒楼。再向西去是金梁桥街、西大街，这里有荆筐儿药铺、枣王家金银铺。再往北边的巷子口是熟药惠民西局。再向西去是瓮市子，这里是开封府对犯人行刑的地方。再向西去是盖防御药铺、大佛寺、都亭西驿，与之相对的是京城守具所。从瓮市子朝北去的大街上，有班楼酒店，再往北是大三桥子，此桥直通白虎桥，再一直往北就到了卫州门。

当街菜面摊子

大内前州桥东街巷

在皇宫前的州桥的东面，有一条临汴河的大街，沿着大街走不远处就是相国寺。相国寺前有一座桥，就如同御街上的州桥一样平整端正，此桥和保康门彼此相对。桥的西面是贾家瓠羹店、孙好手馒头店。再往南边走就到了保康门，此处也是繁华所在，这一带有潘家黄耆圆药店、延宁宫的女道士观，这个道观是宫女出家的地方，寻常人等极难进入。

黄耆圆，即黄耆丸，可补气祛湿。

延宁宫禁女道士观，位于宫城内，专为安置宫女所设。许多宫女准予出宫后不再归家，入道观为道士。

相国寺前街道的西侧是保康门瓦子。从此处向东边走去，沿着城墙一带错落着众多的客店。南方来的官员、商人、兵丁及低级军官，进京后都在此停留歇息。走过客店这一带，街道东边紧挨着四圣观、袜褂巷。再往前走，就到了东边城墙，在城墙拐角的地方建有一座定力院，院里面悬挂有后梁高祖朱温的画像。

定力院，皇家寺院，五代时已为皇家祭拜。

后梁高祖朱温，宋州砀山人，乾符二年，参加王仙芝、黄巢起义军，先后攻陷洛阳、长安等地，动摇了唐王朝的根基。中和二年，归附唐军王重荣、杨复光部，与李克用等联合镇压黄巢军。因镇压黄巢军有功，被唐僖宗赐名“全忠”，任河南中行营招讨副使。次年拜汴州刺史出宣武军节度使，继而又进封梁王。他以河南为中心，极力扩大势力，逐渐成了唐末最大的割据势力。唐昭宗天复元年，朱温率军进入关中，控制了唐王朝的中央政权。天祐元年，用武力把唐昭宗逼迁洛阳，不久将昭宗杀死。立昭宗儿子李柷为帝，即唐哀帝。天祐四年夺取了唐哀帝的帝位，代唐称帝，建国号梁，改年号为开平，史称“后梁”。乾化二年被亲子朱友珪弑杀。

出了保康门，在门外有新建的供奉三尸神的三尸庙和祭祀京城夷门山山神的德安公庙。再往南走就到了横街，再向西去，有一条叫麦稍巷的小巷子通往御街。麦稍巷巷口以南是太学的东门和水柜街上的余家染店。再向南去，街道的东面是法云寺，法云寺的南边是佑神观后门。此外这儿还有一条通向西边的横街，街上有张驸马的宅邸。

三尸庙，供奉三尸神的庙宇。三尸神又称“三彭”或“三虫”，分别居于上、中、下三丹田，称为上尸、中尸、下尸。三尸姓“彭”，上尸名“踞”，中尸名“踬”，下尸名“蹻”。尸者，神主之意。道教认为人体内有三尸神，在庚申日人睡觉时向上天禀报人的罪过，降下责罚损耗精气，故此庚申日应守坐至天明，以保全福寿。

德安公庙，祭祀汴京夷门山山神的庙宇。

张驸马，即张敦礼，熙宁元年选尚英宗女祁国长公主，授左卫将军、驸马都尉，迁密州观察使。

佚名　三羊图

相国寺内万姓交易

相国寺每个月开放五次集市交易活动，在开放时节，百姓可以在寺中自由进行交易，人声鼎沸，由此相国寺成为京城最盛大的商业集市之一。

相国寺位居东京四大寺庙之首（另三座是开宝寺、太平兴国寺、天清寺），地处东京最繁华的区域，临近御街和汴河，人流量极大，香火兴盛。大相国寺有三座大门，门楼甚为雄伟，上悬挂有宋太宗题写的“大相国寺”。

相国寺集市中不同种类的货物集中在对应的区域展销。人们在相国寺大门处买卖飞禽、猫、犬之类的动物，此外，各种珍稀的禽鸟、奇异的走兽，在这儿也无所不有。

在相国寺第二重和第三重寺门附近，买卖的是各类日常所用的杂物。相国寺的庭院中搭设着彩色的幕帐、露天的棚屋和售货摊，鳞次栉比，这些摊铺出售有蒲草席、竹席、屏帐、洗漱用具等家用品，马鞍子、缰绳、马嚼子、弓剑等装备器械，还有应季的新鲜水果、各种干果、腊肉之类的食物。靠近佛殿的地方，售卖的货品包括孟家做的道冠、王道人酿造的蜜饯、赵文秀制作的笔，以及潘谷研磨的墨等闻名京师的珍品。这些买卖商品都占据着固定的摊位。

卖鸟摊子

潘谷制作的墨，在宋代文化史上颇为有名，这种墨不会腐败发臭，还可以入药。

佛殿两边的走廊上是各寺院的尼姑在贩卖手工艺品，包括刺绣、领抹、花朵、珠翠饰品、头饰、各色镶嵌金线的幞头（男子包裹头部的纱罗软巾）、帽子、假发制作的头髻、贵妇的冠子、丝带之类的物品。大殿后面的资圣门前，摊铺摆放售卖的全都是图书、奇珍异宝和图画。此外展销的还有地方各路卸任返京的官员从各地带来的土产物品、香料、药材之类的东西。佛殿后廊上摆摊的则是占卜卖卦、兜售方术、替人画像的人。

相国寺第三重山门的楼阁里和资圣门门楼里，各有鎏金铜铸的五百尊罗汉像和佛牙等物。相国寺地位崇高，凡有斋戒供奉等盛大的佛事将要举行，都要奏报给皇上，得到圣旨后再开山门正式举行。第三重山门的左右两边，有两座琉璃塔。寺内则有智海、惠林、宝梵、河沙四座禅院、律院，此外还有东塔院、西塔院，这几处地方属于寺庙的宅院屋舍，都有负责住持事务的僧官管理。

每当赶上相国寺举办斋会，寺院内信众云集，此时对各类饮食茶果和盛装的器皿需求量就变得很大，而寺院应对自如，即使需要三五百份之多的餐食、器具，也无不即刻准备齐全。大殿两边的走廊都悬挂着本朝著名人物的名贵手迹，左面的墙壁上画着《炽盛光佛降九曜鬼百戏图》,右面墙壁上画着《佛降鬼子母揭盂图》。大殿的庭院中还供奉着有诸佛菩萨说经乐部、马队之类仪仗的绘画。大殿两侧走廊的墙壁上也刻画着浮雕，这些浮雕的内容包括各类高大的楼台殿阁和各色人物，无一不精致美妙，巧夺天工。

炽盛光佛，即释迦牟尼显现的一种身形（密宗认为，佛可以显现三身），佛教认为佛身的皮肤毛孔能发出炽盛的光明，故称。佛降，指释迦牟尼佛诞生的当天。

九曜，亦称“九执”。指梵历中的九星。梵历以九星配日，而定其日之吉凶。九星为：一、日曜（太阳），二、月曜（太阴），三、火曜（荧惑星），四、水曜（辰星），五、木曜（岁星），六、金曜（太白星），七、土曜（镇星），八、罗睺（黄旛星），九、计都（豹尾星）。九星与日时相随逐而不离，故又称“九执”。梵历于唐开元年间传入我国，称“九执历”。九星配日法曾为我国历法所采用，后删弃。

鬼子母，又称为欢喜母、暴恶母或爱子母，梵文音译诃利帝母。原为婆罗门教中的恶神，护法二十诸天之一，专门捕捉人间小孩，以供饮食。此处的“揭盂”即指鬼子母揭开佛钵寻回其子之事。传说鬼子母前生是一名孕妇，王舍城佛祖出世举行庆祝会，孕妇与前去赴会的五百人相遇，便与之同行，途中女子流产而众人皆弃之不顾，女子遂发毒誓来生投胎王舍城，吃尽城中人的子女。后鬼子母投胎王舍城，生下五百子女。她每日捕捉王舍城中幼儿喂养自己的孩子，佛规劝不从，遂以法力藏其一子于钵中。鬼子母知其子在佛身边，求佛归还。佛趁机度化之。鬼子母皈依佛门并被吸收为护法神，在中国佛寺中成为送子娘娘。《佛降鬼子母揭盂图》即描绘了鬼子母带领小鬼孩儿们揭钵救子而无可奈何，佛祖在旁怡然打坐的情形。

寺东门街巷

相国寺东门外的大街上，都是卖幞头、腰带、书籍、头冠装饰物的店铺。此外这条街上还开有一家丁家素茶店。相国寺的南边即是录事巷，巷中有众多的妓馆。录事巷的旁边是绣巷，里面全都是尼姑、刺绣手艺人的居住之所。相国寺北面是小甜水巷,巷内有很多专售南方风味饭食的店铺，生意十分兴盛，巷内的妓馆也非常多。相国寺向北走可以到达有名的李庆糟姜铺。

素茶，卖素食的饮茶店。

录事巷，录事本为负责记录、誊写的小吏，宋代戏称妓女为录事，妓院聚集的街巷也称录事。

经过姜铺再一直朝北可到达景灵宫的东门。再向北走，而后折向东是税务街、高头街、姜行后巷，这里有家脂皮画曲妓馆。附近的南北讲堂巷中有孙殿丞药铺和靴店。旁边有条界身北巷，出了界身北巷，巷口处是宋家生药铺，店铺中两面墙上悬挂着的都是李成所画的山水画。

李成，五代至宋初著名山水画家。

从景灵宫东门大街向东走去，街道北边原先本是乾明寺，后来因为失火，此寺被重新改作五寺三监这些政府部门的办公场所。再往东面走，有条通往南边的街巷，叫作第三条甜水巷。再向东走，是熙熙楼客店，这是一家在京城中也屈指可数的大客店。再往东走，街南是高阳正店。随后向北走就进入了马行街。再向东走，街道北边是车辂院，南面是名叫第二条甜水巷的巷子。再往东走是审计院，审计院往东是位高权重的桐树子韩家，如此一直走可以抵达太庙的前门。从这里朝南走则通往观音院，这边有条巷子名为第一条甜水巷。从太庙朝北走就进入到榆林巷，榆林巷通向曹门大街，大街上的店铺繁多，在此不能一一详细记述。

五寺三监，北宋神宗熙宁以后有此说法，但不常设，故不能悉数。南宋以太常寺、太府寺、司农寺、大理寺、宗正寺、将作监、军器监、国子监次于六部之后，以充当五寺三监。

审计院，审核在京官署开支项目的机构。

桐树子韩家，韩家有数人在朝廷官至宰相，住宅前有梧桐树。

观音院，供奉观音的寺院，后成为被罢免官员待罪反省的地方。

上清宫

京城中的寺庙和道观众多，星罗棋布。上清宫在新宋门里大街的北面，往西是茅山下院。醴泉观在东水门里。观音院在旧宋门后方、太庙南门处。景德寺在上清宫背后，寺前有桃花洞，里面都是妓馆。开宝寺在旧封丘门外斜街子上，寺内有二十四座禅院、律院，其中以供奉护法神仁王的仁王院香火最为兴盛。天清寺在州北清晖桥一带。兴德院在金水门外面。长生宫在鹿家巷。显宁寺在炭场巷北面。婆台寺在陈州门里面。兜率寺在红门道。地踊佛寺在州城西草场巷的街道南侧。十方静因院在州城西的油醋巷里。浴室院在第三条甜水巷。福田院在旧曹门外面。报恩寺在卸盐巷。太和宫是女道士观，在州城西洪桥子大街上。洞元观也是女道士观，在班姓楼房的北面。瑶华官在金水门外面。万寿观在旧酸枣门外、十王宫前面。

道教作为中国的本土宗教，在唐宋时期非常兴盛，唐代帝王自视为道家始祖李耳的后代；宋真宗编造了祖先赵玄朗，视为道教的天尊，道观亦遍布京城，宋徽宗甚至自称为“教主道君皇帝”。

上清宫，上清，道家的三清境界玉清、上清、太清之一，在全国有多处上清宫，如崂山上清宫、青城山上清宫等，东京的上清宫又称上清储祥宫，为宋太宗赵匡义为藩王时宋太祖所赐而建造，内有玉石雕塑的三清像（中间为元始天尊，左右为灵宝天尊和道德天尊）。

开宝寺，东京城内的著名寺院。

刘松年（传）　松荫谈道图

马行街铺席

沿着马行街向北去，就到了旧封丘门，旧封丘门外是袄庙斜街、州城北瓦子。新封丘门大街的两边是民居与店铺，除此以外都是诸班直的军营。这些军营彼此两两相对，一直排列到新封丘门，绵延长达十余里。这一带的街坊里巷、庭院民居，纵横交错，数以万计，不知边际。街市上处处是拥挤的门庭，茶坊、酒店遍布，卖艺的艺人和售贩饮食的摊贩云集于此。

诸班直，宋代皇帝的贴身禁卫军，诸班和诸直的总称，隶属于殿前司。

街市中做买卖的人家，往往只在街市的店铺中现买现吃各种饮食，不会在家中准备饭菜。此处美食品类很多，北方风味的食品以矾楼前李四家、段家的爊物、石逢巴子为代表；南方风味的食品以寺桥金家、九曲子周家最为著名。此处是餐饮娱乐汇聚之地，来此游乐的人很多，夜市一直到三更时才结束，而刚到五更又重新开张，喧嚣声昼夜不绝。

此处有很多闹市可供游览玩乐，夜市通宵不断。即便是在四周偏远僻静的地方，夜市也很繁华，供应的食物品类不逊色于京城的中心地带，有烧烤的酸𫗦、夹脊猪肉烧饼、菜饼、獐肉、野狐肉、果木翘羹、灌肠、香糖果子之类的东西供食客享用。

酸𫗦，即酸馅，以蔬菜为馅的面食。

寒冬腊月，即使赶上大风雪或阴雨天气，夜市依然照旧经营着，售卖的食物包括薄肉片、姜豉、抹脏、红丝、水晶脍、煎肝脏、蛤蜊、螃蟹、胡桃、泽州饧、奇豆、鹅梨、石榴、查子、榅桲、糍糕、团子、盐豉汤之类的应季菜肴。到了三更时分，还有提着瓶子叫卖茶水给食客解油腻的商贩。京城中人或办公事，或办私事，往往深夜才回家休息，回家路上常会吃夜宵，因此刺激了夜市的繁盛。

赵大亨　薇省黄昏图

般载杂卖

东京搬运装载货物的车辆，大的叫“太平车”，车上有车厢但没有车盖，车厢四周像栏杆一样并且很平整。车厢的板壁前面伸出两根木档，长约二三尺，驾车人坐在两根木档中间，两手扶持着鞭子和绳索驾驭这辆车。车前排列二十多头骡子或驴，前后分作两行在车前牵引，也有的人用五到七头牛拉车。

般载车，用于搬运装载的车子。

车厢两边的轮子很高大，高度与车厢齐平，车厢后装有两块斜木脚拖用以刹车制动。夜晚行车时在木脚拖中间悬挂一只铁铃，车行时铁铃就会随之发出声响，提醒远处来的车注意相互避让。此外车夫往往还在车厢后系两头骡子或驴，遇到要下陡峻的道路或危险的桥梁时，就用鞭子吓唬它们，使它们倒退拉拽车子，由此减慢下坡时车子下滑的速度。“太平车”可装数十石重的货物。官府中的“太平车”只用驴，且车型略小些。

此外还有一种叫“平头车”的车子，形制类似“太平车”，但体量要小。“平头车”两轮的前面伸出的长木档是车辕，两根长木档的顶端又横置一木档，让一头牛套在车辕内，在脖子上背负横木，驾车的人坐在车上，用手牵着牛鼻绳驾车。

酒店大多用“平头车”装运酒梢桶。酒梢桶很像长水桶，而桶面上则安装有靥口进行密封。每只梢桶能盛三斗多的酒，一贯五百文就可以买到一梢桶酒。

城中还有专供富贵人家女眷坐的车子，这种车子的形制与“平头车”大致类似，只是以棕毛作车盖，此外车厢前后都有栏杆门，门上垂挂着门帘作为女子出行时的遮蔽。

此外还有种独轮车，前后有两人把住车架，两旁两人扶住车拐，前面有驴拉，这种车就叫作“串车”，这是因为这种车不用两边的耳子、转轮的缘故。这种独轮车主要用来装载搬运竹器、树木、砖瓦、石料等粗重货物。

如果车前没有车辕，只有一人或两人在后面推，那么这种车往往是商贩卖糕及糕麋之类食品时边走边叫卖所用的装载运输工具，这种车在使用时，不适宜装载重物。

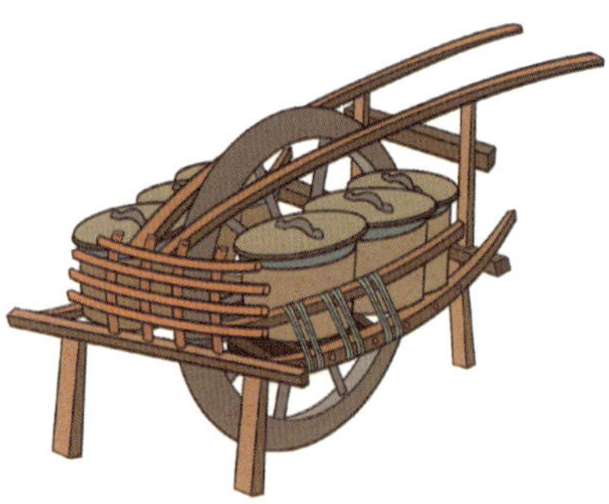

串车

商贩用车

糕糜，以羊头肉与原汁、回回豆等熬制而成的糕点，为一种回民食品。

有种只有平整的车底板的两轮车，叫作“浪子车”。这种车只用人拉。又有一种专门用作装载巨石、大木材，只有短梯盘而无车轮的车，叫作“痴车”。这些车的设计都可以达到节省人力的效果。

浪子车

还有一种让骆驼、骡、驴驮运的驮子，工匠用皮或用竹做成容器，形状犹如方匾、竹簏一样，运载时将货物装在里面，一边一个搭在牲口背上两侧。如是让牲畜运送粮食，则将粮食装在布袋内挂在背上，用布袋驮运。

都市钱陌

都城集市中使用的钱陌兑换制度（一陌合计为一百文钱，但是在实际经济活动中兑换时会有折损，往往将不足一百文作为一百文换算交易）：官府使用时，以七十七文钱为一陌；集市中通用时，以七十五文钱为一陌；鱼市、肉市、菜市上通用时，以七十二文钱为一陌；在金银交易时，以七十四文钱为一陌；在珠宝交易、雇佣婢女、买卖各类宠物时，以六十八文钱为一陌；代替别人写文章或写字时，以五十六文钱为一陌。各行各业所定的货币兑换的市价，在使用时各有不同。

宋代运钞车

雇觅人力

凡是想雇佣人力，如寻找办事差役、厨师、手艺工匠之类的专业人员，可以和该行业的人联络，会有本行业的首领来推荐被雇佣者促成雇佣事宜。若寻找女仆，则有引荐的中间人进行推荐。

宋代的专业化分工已经很发达，并广泛地存在不同的行业协会，出现了专门等待受雇佣的群体、明确的雇佣关系和中介人员，反映了当时城市手工业的发达。

李嵩　龙骨车图

防火

京城中街坊里巷，每间隔三百步左右，设有一所供军巡铺使用的房屋，房屋内安排有巡查兵五人，负责夜间巡逻警戒、拘捕犯人。官府又在地势高峻处用砖砌造望火楼，楼上有人瞭望。望火楼下盖有几间官屋，里面驻扎着百余名兵士，还配置了救火的器具，譬如大小水桶、洒子、麻搭、斧锯、梯子、火叉、大索、铁猫儿之类的用具。每当遇到有地方失火，即由马军迅速报告给军主、厢主和侍卫马军司、侍卫步军司、殿前司这三衙以及开封府，这些人就各自带领军士前去扑灭火灾，官府反应很快，不需要劳烦周边的百姓前往救火。

洒子，取水的工具。

麻搭，一种在长杆顶端缚扎散麻蘸吸泥水灭火的工具。

铁猫儿，救火用具。长柄上安装铁钩，铁钩上垂下一串铁环，环末再加一钩。

望火楼

灭火工具

天晓诸人入市

每日天交五更时分，各寺院的行者（方丈侍者）敲打着铁牌子或木鱼，沿着民众的门户报晓，不同寺院的行者各自划分地段在城内报晓，并沿途化缘。那些赶早入集市的人，听到报晓声就起床。这时各个城门、吊桥、街市都已经开放。

行者，受佣在佛寺内做杂役、没有出家的人。

早上各食铺提供的服务很完善，比如瓠羹店，门口通常坐着一个小孩儿，招呼着“来店里吃饭，赠送骨头”，有时瓠羹店也以灌肺、炒肺赠送。酒店大多在清晨点着灯或蜡烛卖酒食，每份早餐不过二十文钱，早餐的种类包括粥、饭、点心。有时酒店也有卖洗脸水的、给客人煎茶汤药的，这些服务一直持续到天亮。

灌肺，《居家必用事类全集》庚集《肉灌肠红丝品·灌肺》记载：“羊肺带心一具，洗干净，如玉叶。用生姜六两，取自然汁，如无，以干姜末二两代之，麻泥、杏泥共一盏、白面三两、豆粉二两、熟油二两，一处拌匀，入盐、肉汁。看肺大小用之。灌满，煮熟。又法，用面半斤、豆粉半斤、香油四两、干姜末四两，共打成糊，下锅煮熟。依法灌之。用慢火煮。”

那些杀猪宰羊的作坊，每每有人挑着倒挂着捆绑的猪羊，或者将猪羊装在车子上进入市场贩卖。每天送入城内贩卖的猪羊，动辄数以百计。

水果集中于朱雀门外及州桥西面交易，这些地方被称作“果子行”。各种纸画也在此处交易，商贩往来不绝。

那些卖面粉的，将一秤（十五斤）面粉装一布袋，这一袋就叫作“一宛”，也有的人把三五秤算作一宛的，装好面粉后商家用太平车或者驴马驮运，从城外运到城里来售卖。每天早上运送面粉的车队等候城门打开后，便入城销售，一直卖到天明才歇业，商贩回到城外装好面粉，第二天清晨又入城来做买卖，如此每日连续不断。

从御街、州桥到皇宫南面门前这一带，还有赶早市售卖药材及各种饮食的商贩，摊子绵延不绝，各种不同的吟唱叫卖声此起彼伏。

诸色杂卖

京城的各类专业服务齐全，与商家定下服务契约后，便可省心很多。如果养马，则有养马的商家差遣两个人每天前来供给切好的草料；如果养狗，就有商家供给做麦芽糖剩下的渣滓作为狗粮；养猫的，则有商家供给猫食及小鱼。城中市场上还有焊补金属器皿的、洗镜补锅的、箍桶的、整治修理日常工具的、打鞋掌换鞋帮的、洗刷腰带的、修理幞头的、修补角冠的、每天供应香印的。这些匠人各自掌管固定的店铺、悬挂标有自己名号标记的匾额门牌。每逢四时节令，他们即印制施送佛像等物，作为本店的宣传。

角冠，宋代时行的一种白角制的女冠。

香印，给香料造型和印字的模具。民间常购买用香印制作出的特定造型的熏香焚烧以计时。

那些专为住户提供打水服务的人，各有自己分管的地区街坊。城中有许多专业手工业者，有专做油漆的、有打制钗头耳环的、有扛大斧受佣砍柴的、有换扇柄的、有供应香囊的、有冶炼炭团的。夏天还有专为人洗毡毯、淘井的人，凡是想要找人做事，随时都可以在眼前立马找到。

淘井，清理维修水井。

军营休假时，服役的鼓吹艺人趁空闲会集中在一起吹打鼓乐，他们在街坊里巷的表演常常吸引到小孩妇女前来观看，此时他们也会散发糖果点心之类的食物，这种行为叫作“卖梅子”，又叫作“把街”。

在富家宅邸院落门前，每日都有人上门叫卖羊肉、头肚、腰子、白肠、鹌鹑、兔、鱼、虾、褪毛鸡鸭、蛤蜊、螃蟹、腌藏肉食、香药、果子等美食。还有组织押注赌博来招揽顾客的小贩在此摆摊，售卖的商品有冠梳、领抹、头面、衣着、日常使用的器皿、铜铁器、衣箱、瓷器之类的东西。顾客可以正常交易买卖，也可以出赌注直接赌以上物件，这种赌博行为叫作“勘宅”。

宋代买卖流行博卖这一种招揽生意的手段，类似赌博，用钱币作博具，以钱币的正反面定输赢。市间杂卖也可用此法售物，买家获赢，即可折价购物。

京城中后街及有空地的处所，也不会闲置着，人们将这些地方围起来盖上了狭窄的房屋，自家的屋前与邻居的屋后相向或相背，密密麻麻聚居在一处，这种狭小稠密的住宅区叫作“院子”，在此居住的都是贫寒的普通百姓。这些百姓为谋生计，每日出去贩卖蒸梨枣、黄糕麋、隔宿的馒头、发芽豆之类的东西。

每到春天，官府差人来监督城中河渠、水沟的疏浚工作，疏浚的工作人员在渠沟边上另外挖坑以装盛疏浚时挖出的淤泥，这些坑叫作“泥盆”。泥盆要等候官府差人来检查视察完毕才能填盖。夜间行人出入，月黑风高，需要特别谨慎注意这些尚未封盖的泥坑，防止跌落其中。

梦华录·街市

街市永远是少男少女们最爱前往游乐观玩的地方，而中国历史上最繁华、美轮美奂的街市就是在宋朝出现的。宋代以前中国的城市居住区和商业区隔离开来，商业区在城市中只占有很小的面积，交易的时间也很有限，傍晚时分就歇市了，夜晚所有城市都推行宵禁制度，平民蜷缩在狭小的房屋内，点着昏暗的烛光，等候黑夜的散去。而到了宋代，商业区和居住区融合在了一起，夜间商业活动更显繁华，人们沉醉在东亚第一大都市的盛景之中，写出了无数缠绵悱恻、光彩动人的诗词。街市上人们最爱看的其实是人，《轩渠录》记载："司马温公洛阳闲居，时上元节，夫人欲出看灯，公曰：'家中点灯，何必出看。'夫人曰：'兼欲看游人。'公曰：'某是鬼耶？'"

电视剧《梦华录》中，顾千帆和赵盼儿和好以后，顾千帆写了一封信给她，上面写着"孤灯不明思欲绝，卷帷望月空长叹，美人如花隔云端。一夜未见，甚是思念，明日沐休，辰时桂花巷口，相见至大相国寺游玩"。可见作为东京的商业中心所在地，大相国寺也是热恋男女们的幽会之处。宋代的街市给都城的人们带来了无数美好的怀念，正如欧阳修的《生查子·元夕》所写的："去年元夜时，花市灯如昼。月上柳梢头，人约黄昏后。今年元夜时，月与灯依旧。不见去年人，泪湿春衫袖。"

卷肆

浣溪沙

晏殊

一向年光有限身，等闲离别易销魂，酒筵歌席莫辞频。

满目山河空念远，落花风雨更伤春，不如怜取眼前人。

熟食
斤六十足
正店

會仙樓
會仙
海州張記餅店
活蟹

军头司

军头司每十日修整一日，在这天官长会巡视考核皇宫禁卫、相扑手、剑棒手的格斗训练，禁军中的殿前指挥使等卫戍皇宫的各类人员也参与训练。驻扎在宫中，参训、受阅的禁军队伍有左右两班，包括内殿直、散员、散都头、散直、散指挥。此外还包括禁军中的御龙左右直，这支队伍负责皇帝的出行仪仗；负责皇帝出行仪仗的队伍还包括御龙骨朵子直、弓箭直、弩直、刁驭直、骑御马、钧容直、招箭班、金枪班、银枪班。

宋代为了强化中央集权，推行了崇文抑武、强干弱枝的政策，正规军禁军大多数集中在东京，以便于对地方形成震慑力。

军头司，宋代皇帝御前的侍卫的指挥机关。

旬休，唐宋时期官员一旬（十日）休息一天。

殿前司、侍卫司所属诸军东西五班、常入祗候，每日教习检阅野战阵容。每逢遇到地方各路将武艺高强的人进贡送到京师，皇帝就会赐宴与群臣共饮，观看他们与其他高手之间的比武格斗，胜者厚加赏赐。

禁军中的天武、捧日、龙卫、神卫四支部队，每支分为左右两厢，每厢又分为两个军，每军又有五个指挥，因此这四支部队各自领有二十指挥，约一万人。这四支部队被称为“上四军”，长期驻守京师，不必离京戍守边境。骁骑、云骑、拱圣、龙猛、龙骑诸军，下辖十指挥。殿前司、步军司都设有虎翼军，每支虎翼军各领有二十指挥。虎翼水军、宣武军，各有十五指挥。神勇军、广勇军，各十指挥。此外还有飞山、床子弩、雄武、广固等指挥。其余诸司下辖有宣效六军，武肃军、武和军、街道司等所领属的指挥，动辄数以百计。各处宫观宅院，下属的侍卫人员主要是清卫军、厢军、禁军剩员，人数有十指挥之多。

街道司，皇帝出行时负责街道的平整畅通。

清卫、厢军、禁军剩员，宋代因年老或疾病而不能在清卫、厢军、禁军中充任兵役的为剩员，主要承担杂役，保留兵士身份，削减俸禄。

皇宫的御用工匠也很多，这些工匠主要集中在修内司、八作司、广固作坊、后苑作坊、书艺局、绫锦院、文绣院，以及内酒坊、法酒库、牛羊司、油醋库、仪鸾司、翰林司、御营喝探、武严、辇官、车子院、皇城司。

修内司，负责皇室宫殿的修缮。八作司，负责京城修缮的机构。广固作坊，为京城的守备队伍制造维修各类器物的作坊。后苑作坊，为皇室制作手工艺品的场所。牛羊司，掌管牛羊牲畜供皇宫食用的机构。皇城司，掌管皇城治安的巡查机构。

喝探，兵士巡逻时对闲杂人等呵斥令其远离。

此外还有宫内各部门的亲从官、亲事官，上下官皇城司下属的黄院子、皂院子、涤除等亲随，这些部门各自均有所属的指挥，回忆所及，不能全部记录下来。

涤除，清理厕所。

黄、皂院子，穿着黄、黑色服装的仆役。

宋代军制，每队五十人，每都下辖二队，共百人，五都编成一指挥，五指挥编成一军，十军编成一厢。

陈居中（传）　胡骑春猎图

皇太子纳妃

皇太子纳妃时，使用皇家的卤簿仪仗在前导引，宴乐时设有仪仗队和卫士奏乐。太子妃乘坐一种名为厌翟、以长尾野鸡的羽毛作为装饰的车。这种车上设有紫色的圆形车盖，车厢四柱上系有帷幕，四角垂挂着镶嵌美玉的彩带，用四匹马在前驾车。

厌翟车

卤簿，帝王驾出时扈从的仪仗队。出行之目的不同，仪式亦各别。自汉以后亦用于后妃、太子、王公大臣。

厌翟车，后、妃、公主所乘的车。因以翟羽为蔽，故称此名。翟，即雉。

公主出降

公主出嫁时，设有仪仗队导引和出行用的移动帐幕、用以遮蔽风尘和围观者视线的步障，还以净水泼街防止尘土飞扬。凡是亲王、公主出行，都会有这样的规格。

公主出嫁到皇室以外的人家被认为降低身份俯就夫家，故称出降。

公主出嫁时，街道司的几十个兵士，各自拿着洒扫用具、镀着金银的水桶，在仪仗队前洒扫开道，这就叫作“水路”。身穿紫衫、头戴卷脚幞头的天武军官兵扛抬着几百架担床，上面铺陈安放着各种嫁妆。队伍中还有几十个宫女，全都头戴珍珠发钗、吊朵绢花、用罗织成的头面，身披红罗织成、镶嵌金丝线的锦袍霞帔，骑着马，两两并排前行，双双配合，打着青色的盖伞仪仗在队伍前面引导，这种伞盖叫作“短镫”。

吊朵，假花。

队伍前前后后用红罗织成、镶嵌金丝线的长柄大扇遮蔽簇拥。公

主乘坐金铜檐子，顶上用修剪过的棕片覆盖。檐子上有朱红色的梁柱、檐脊，上面装饰有金粉金箔涂抹、用铜铸成的云风状的花朵。檐子大约高五尺，进深八尺，阔四尺有余，里面可容纳六个人。檐子四角垂挂着绣匾和珠帘，上面配有白藤间杂花朵的图案。檐子的檐厢之外，两面照壁处伸出栏杆，上面都有镂刻的金花，装饰着雕刻的木质人物、神仙。抬檐子的侍从列成两队，分站在两竿旁，每队各六人，竿前竿后都装饰有绿色丝带，用金质鱼形状的钩子钩住。

檐子，即轿子，有上盖及四周屏风的称为舆，无上盖和四边屏风的称檐子。

宫女

皇后出乘舆

皇太后、皇后出行乘坐的车驾叫作“舆”。舆比檐子稍微宽大一些，装饰的花样纹饰全都是龙。舆的前后车檐都覆盖着修剪过的棕片。出行时的仪仗队与皇帝车驾出行时规格相似但侍从人数上略为减少，依照既有制度，没有乘舆之前的御座（驾头）以及出行路途两旁驻守的警戒侍卫。

士人、平民与富贵之家有婚嫁之事，新娘也乘坐檐子，与公主出嫁所乘坐的相似，只是檐子脊梁上没有铜凤、花朵这些装饰。有专门的店家办理檐子出行左右两旁仪仗用具的租赁业务，甚至随从、衫帽、衣服到一切出嫁应用之物，都可以租赁，不必自己劳心费神去置办。

其他参与送亲的人，如受有封号的妇女、王公、士人、平民都可以乘坐车子。车子的样子制式如檐子，也可容纳六个人，车子前后有小栏杆，车厢底下有轴横向贯穿，在两旁固定住朱红色的车轮。车向前伸出长长的车辕，长七八尺，套在一头牛背上借力行车，这种车子也可以租赁使用。

杂赁

如有丧事出殡，从上到下的各种事情和所需的物品，都可以找丧葬店铺全程操办，专售丧葬用品的店铺操办丧葬活动的各个环节都有一定的行业规矩，需要严格遵守，出殡所需的方相、车舆、结络、彩帛等祭品，都有行业的标准价格，客户无须为置办这些物品而烦神费力。

方相，神名，驱逐疫鬼的神，《周礼》记载他："掌蒙熊皮，黄金四目，玄衣朱裳，执戈扬盾，帅百隶而时傩，以索室驱疫。"这里指逐疫或出丧行列前开道的神像，以竹条扎好，外面包上纸，画上满脸凶恶的神像。

结络，编织成的网状物。

平常外出到街市上办事，如果稍嫌路远，行走感到疲倦，那么各处街坊里巷、桥头集市，自有租赁鞍马的地方，花费不会超过一百文钱。

修整杂货及斋僧请道

京城的日常生活服务非常繁荣，倘若想整修房屋，用水泥修补墙壁；或者赶上先祖的生辰、忌日，打算设斋请僧人、尼姑、道士念诵经文超度先人，都能很便捷地找好这些专业人士。每日早晨在桥市、街巷口，都有做木竹活的匠人等待受佣，这种匠人叫作“杂货工匠”。各类手工艺人、道士僧人，都在这些地方聚集环立，等候召唤做工，这种行为叫作“罗斋”。整修房屋所需的竹木材料，也有专门店铺售卖。而砖瓦泥匠，更是随处都可以找到。

刘松年　天女献花图绢本

筵会假赁

凡是民间的婚嫁喜庆、丧葬等宴会，涉及的桌椅及相应陈设，各种器皿合盘、酒担及其他所需器物的安排布置，各自都有茶酒司掌管租赁业务，主人可以找他们操办。家中宴会的饭食菜肴，可以找厨司来负责料理。甚至诸如托盘送请帖、安排宾客座次、处理杂事、说唱劝酒等宴席活动环节，都可以找到专人负责料理。这些为宴会各活动环节提供专业服务的人叫作“白席人”。上面说到的这些负责宴席活动操办的专业人士，统称作“四司人”。

合盘，盛放糕点的木质方形用具，使用时层层摞起。

如果想要在园池馆舍、亭台楼榭、寺庙庭院冶游玩赏，宴请宾客，找这些专业人士，随时都可以安排妥当。这些事务也各有业务经营的地段区划，在该地段有专门从事这类事的人承揽安排，不得越界争抢生意，且有一定的行业例规，不敢过分向人索取银钱。如置办宴席，即使有百十桌，有百十份宴会用具需要操持，他们也能很快办好，把宴会厅堂安置得整整齐齐，主人只负责出钱就行了，不必自己烦神费力。

宋代商业的繁荣，分工的专业化，推动了各类专业群体的出现，雇佣租赁体制也发展了起来，其经营运作模式的“现代化”与今天无异，可以看出宋代城市文明发展达到的空前高度。

会仙酒楼

京城酒楼服务完备，像州东的仁和酒店、旧城新门里的会仙楼酒店，经常备有百十份厅堂楼馆中应用的器具，样样准备充足，随时可以奉上，不会出现一件短缺。

会仙楼

京城中人盛行的风气是相当奢侈的，且讲究较高的标准。凡是在酒店中，不管什么人，哪怕只有两个人一起对坐饮酒，也须要用一副温酒用的注碗、两幅盘盏、五只果碟、五只菜碟、三五碗水中栽培出的新鲜蔬菜。购置这些餐具所需要花费的银子就快到一百两了。即使一个人独自饮酒，所用的碗具也是银盂之类的器皿，那些果子、菜蔬，都很精致清洁。如果客人需要酒楼没有供应的下酒菜肴，酒楼就派人到外面去买软羊、龟背、大小骨、诸色包子、玉板鲜、生削巴子、瓜类之类的东西给客人送上去，务必让客人满意尽兴。

注碗，碗的一种式样，用于温酒。

一人在酒楼饮酒常饮用“碗遂”，这是在酒肆堂口喝一口即止的快饮。

软羊，蒸煮好的羔羊。

食店

在京城中的饮食店，大的店叫作“分茶”。店中供应的有头羹、石髓羹、白肉、胡饼、软羊、大小骨、角炙犒腰子、石肚羹、入炉羊、罨生、软羊面、桐皮面、姜泼刀、回刀、冷淘、棋子、寄炉面饭之类的食品。如果客人要吃一席完整的酒宴，店家会另外奉送虀头羹。

食店

罨生，与腌制相近的食品加工、储存方法。

姜泼刀、回刀，一种面食。

冷淘，凉粉。

酒楼伙计

京师有各个地方的美食。四川风味的饭店，有插肉面、大燠面、大小抹肉淘、煎燠肉、杂煎事件、生熟烧饭等菜肴供应。南方风味的饮食店，有鱼兜子、桐皮熟脍面、煎鱼饭等美味。

有一类瓠羹店，店门前用长条木及雕有各种花样图案的木头重叠装饰，捆扎得如同山棚、牌楼模样，上面挂着宰好的沿背剖成两扇的猪羊。猪羊相互错杂，穿插吊挂着的有二三十片。店铺靠着大街一侧的门面窗户处，都用红色或绿色的彩帛装饰，叫作“欢门”。

每一家店铺都有自己的厅堂庭院，两边是东西走廊，店里伙计会热情地招呼客人并妥善安排好座位。待客人落座后，就有一名伙计手拿笔和纸张，一一询问客人需要什么菜。京城中人奢侈放纵，对饮食的要求很多，同一个菜式，有要热的，有要冷的，有要温的，有要整的，还有的要特别凉的，吃面或要精肉浇头，或要肥肉浇头，诸如此类特殊需求甚是繁多，人人索要的菜肴各不相同，而店家都能顺着顾客的心意做出来。

跑堂的店伙计在客人使唤后，登记好菜单，站在靠近厨房的地方，从头到尾将菜单念诵一遍，报告给内厨。掌勺的厨师叫作“铛头”，又叫作“着案”，等到汇报完毕，菜肴也相继就做好了。很快跑堂的就左手胳膊上托着三只碗碟，右臂从手掌一直到肩上，重叠放着约二十个碗碟，来到大堂，一一将这些碗碟放到对应的餐桌前，散发给客人，这些碗碟装盛的菜肴都要符合菜单上客人所点的菜品，不容许有差错。一旦发生差错，座中客人若告诉店主，店主必定对跑堂的加以呵斥责骂，有时候会扣罚工钱，遇到严重的情况，则将跑堂的直接辞退。

佚名　秋庭乳犬图绢本

我们这种顾客进到店里，店家就会用一种琉璃浅棱碗来招待我们。这种碗叫作“碧碗”，也叫作“造羹”。京城酒楼的菜肴都做得很精细，叫作“造齑”。这种菜肴每碗十文铜钱。还有一种面与肉的数量大致相等混合而成的面食，叫作“合羹”，与“合羹”食材相同的还有一种 “单羹”，即只点半份。原来吃这些面食只用勺子而已，现今都使用筷子了。

浅棱碗，深度小的碗。

京城中还有卖插肉、拨刀、炒羊、细物料棋子、馄饨的店铺。此外还有专供素食的饭店，里面贩卖的食物就像是寺院里面的素斋食品。这些素食有菜面、胡蝶齑疙瘩，以及随饭、荷包白饭、旋切细料餶饳儿、瓜齑、萝卜之类的菜品。

肉行

街坊里巷、桥头街市，到处都有卖肉的摊贩，一个肉摊前一般有三五个人站立着切肉、售卖。生、熟肉任意挑选。阔切的厚肉片、片批的薄肉片、细抹的肉丝、顿刀的肉馅，各类都可供应，随顾客意愿对商品进行加工。到了晚上这些肉摊会供应熟食烤肉。在京城凡是买肉，不会规定顾客至少得买多少分量，店家会根据顾客的意愿把肉切割下来，即便购买得很少也会应允。

肉行

饼店

京城中的饼店有油饼店和胡饼店两类。油饼店，贩卖的是蒸饼（炊饼，今馒头）、糖饼一类，或是装在盒子里，或放在盘子中贩卖。胡饼店则卖门油、菊花、宽焦、侧厚、油碢、髓饼、新样、满麻等各式点心。饼店每张桌案前有三五个人一起工作，或擀面、或做面剂子、或雕花、或把面点放入炉子里面烘制。每天自五更起饼店就忙碌起来，击打桌案的清脆声响远近都能听到。所有饼店里面，数武成王庙前的海州张家饼店、皇建院前的郑家饼店生意最为兴盛，每家各有五十余个烘饼的烘炉。

面剂子，做面食时将面团分成大小相同的小块儿，再擀开做成一个个的面食。

饼行

鱼行

卖活鱼的商贩用浅抱桶盛鱼。他们将鱼用柳叶间隔串起来，放在桶中，用清水浸养，有时候会抱着桶沿街叫卖。每日一早，单是在新郑门、西水门、万胜门，就有数千担这样的活鱼送入城里。冬天鱼行还贩卖有从黄河等远处运来的鲜鱼，叫作“车鱼”，每斤不到一百文。

佚名　渔乐图

刘攽的《观鱼》描述了京城外捕鱼热火朝天的场面，诗中写道："清濠环城四十里，蒹葭苍苍天接水。使君褰帷乘大舸，观鱼今从北阙起。开门渔师百舟入，大罟密罾云雾集。小鱼一举以千数，赤鲤强梁犹百十。"

浅抱桶，高度较低的由铁箍木板合围而成的木桶，一人张开双臂即可搂住，故称抱桶。

鱼行

梦华录·酒楼

宋代东京居民的娱乐休闲活动很多时候是在酒楼上度过的，电视剧《梦华录》中赵盼儿开了茶楼以后，一直希望能再开一家酒楼，宋代的日久承平推动了市民生活的高度发达，欧阳修《初食车螯》感叹了国家统一、物流通畅推动下各地物产、美食在京城的融合聚集，诗中写道“累累盘中蛤，来自海之涯。坐客初未识，食之先叹嗟。五代昔乖隔，九州如剖瓜。东南限淮海，邈不通夷华。于时北州人，食食陋莫加。鸡豚为异味，贵贱无等差。自从圣人出，天下为一家。南产错交广，西珍富邛巴。水载每连舳，陆输动盈车。溪潜细毛发，海怪雄须牙。岂惟贵公侯，闾巷饱鱼虾。”人流、物流的聚集，带动了东京酒楼业的繁华。

赵盼儿在与顾千帆因父仇分手以后，茶楼也被人毁了，此前一直和赵盼儿进行商战的行会会首池衙内提出赞助她们开酒楼的建议，在三娘的激励下，赵盼儿开始了第二次创业。宋代的酒楼不仅仅是提供饮食，更是提供一种休闲娱乐的服务，食材也需要新鲜、齐备，以满足京城人挑剔的胃口和很高的眼界。赵盼儿让厨艺高明的孙三娘负责总厨；让曾经做过教坊琵琶演奏教头的宋引章负责酒店演艺节目；葛招娣精明强干，负责人事管理；资产雄厚的池衙内则负责酒楼物资的采买供应，在酒楼中赵盼儿还组织了花月宴会，收到邀请函的名人雅士才能入席，更使得永安乐酒楼成为东京上流社会关注的焦点，这些正反映了酒楼在宋代东京的社会关系网络中的独特地位。

原文

梦华录序

仆从先人宦游南北，崇宁癸未到京师，卜居于州西金梁桥西夹道之南。渐次长立，正当辇毂之下。太平日久，人物繁阜。垂髫之童，但习鼓舞；班白之老，不识干戈。时节相次，各有观赏：灯宵月夕，雪际花时，乞巧登高，教池游苑。举目则青楼画阁，绣户珠帘。雕车竞驻于天街，宝马争驰于御路。金翠耀目，罗绮飘香。新声巧笑于柳陌花衢，按管调弦于茶坊酒肆。八荒争凑，万国咸通。集四海之珍奇，皆归市易；会寰区之异味，悉在庖厨。花光满路，何限春游；箫鼓喧空，几家夜宴。伎巧则惊人耳目，侈奢则长人精神。瞻天表则元夕教池，拜郊孟享。频观公主下降，皇子纳妃。修造则创建明堂，冶铸则立成鼎鼐。观妓籍则府曹衙罢，内省宴回；看变化则举子唱名，武人换授。

仆数十年烂赏叠游，莫知厌足。一旦兵火，靖康丙午之明年，出京南来，避地江左，情绪牢落，渐入桑榆。暗想当年，节物风流，人情和美，但成怅恨。近与亲戚会面，谈及曩昔，后生往往妄生不然。仆恐浸久，论其风俗者，失于事实，诚为可惜，谨省记编次成集，庶几开卷得睹当时之盛。古人有梦游华胥之国，其乐无涯者。仆今追念，回首怅然，岂非华胥之梦觉哉！目之曰《梦华录》。然以京师之浩穰，及有未尝经从处，得之于人，不无遗阙。倘遇乡党宿德，补缀周备，不胜幸甚。此录语言鄙俚，不以文饰者，盖欲上下通晓尔，观者幸详焉。

绍兴丁卯岁除日，幽兰居士孟元老序。

卷一

东都外城

东都外城，方圆四十余里。城濠曰护龙河，阔十余丈。濠之内外，皆植杨柳。粉墙朱户，禁人往来。城门皆瓮城三层，屈曲开门，唯南薰门、新郑门、新宋门、封丘门，皆直门两重，盖此系四正门，皆留御路故也。

新城南壁，其门有三：正南门曰南薰门；城南一边，东南则陈州门，傍有蔡河水门；西南则戴楼门，傍亦有蔡河水门。蔡河正名惠民河，为通蔡州故也。东城一边，其门有四：东南曰东水门，乃汴河下流水门也，其门跨河，有铁裹窗门，遇夜如闸垂下水面。两岸各有门通人行路，出拐子城，夹岸百余丈；次则曰新宋门；次曰新曹门；又次曰东北水门，乃五丈河之水门也。

西城一边，其门有四：从南曰新郑门；次曰西水门，汴河上水门也；次曰万胜门；又次曰固子门；又次曰西北水门，乃金水河水门也。北城一边，其门有四：从东曰陈桥门（乃大辽人使驿路）；次曰封丘门（北郊御路）；次曰新酸枣门；次曰卫州门（诸门名皆俗呼。其正名如西水门曰利泽，郑门本顺天门，固子门本金耀门）。新城每百步设马面、战棚，密置女头，旦暮修整，望之耸然。城里牙道，各植榆柳成阴。每二百步置一防城库，贮守御之器，有广固兵士二十指挥，每日修造泥饰，专有京城所提总其事。

旧京城

旧京城，方圆约二十里许。南壁其门有三：正南曰朱雀门，左曰保康门，右曰新门。东壁其门有三：从南汴河南岸角门子，河北岸曰旧宋门，次曰旧曹门。西壁其门有三：从南曰旧郑门，次汴河北岸角门子，次曰梁门。北壁其门有三：从东曰旧封丘门，次曰景龙门（乃大内城角宝箓宫前也），次曰金水门。

河道

穿城河道有四。南壁曰蔡河，自陈、蔡由西南戴楼门入京城，辽绕自东南陈州门出，河上有桥十一，自陈州门里曰观桥（在五岳观后门），从北次曰宣泰桥，次曰云骑桥，次曰横桥子（在彭婆婆宅前），次曰高桥，次曰西保康门桥，次曰龙津桥（正对内前），次曰新桥，次曰太平桥（高殿前宅前），次曰粜麦桥，次曰第一座桥，次曰宜男桥，出戴楼门外曰四里桥。

中曰汴河，自西京洛口分水入京城，东去至泗州入淮，运东南之粮，凡东南方物，自此入京城，公私仰给焉。自东水门外七里，至西水门外，河上有桥十三：从东水门外七里，曰虹桥，其桥无柱，皆以巨木虚架，饰以丹雘，宛如飞虹，其上、下土桥亦如之。次曰顺成仓桥，入水门里曰便桥，次曰下土桥，次曰上土桥，投西角子门曰相国寺桥。次曰州桥（正名天汉桥），正对于大内御街，其桥与相国寺桥皆低平不通舟船，唯西河平船可过。其柱皆青石为之，石梁石笋楯栏，近桥两岸，皆石壁，雕镌海马水兽飞云之状，桥下密排石柱，盖车驾御路也。州桥之北岸御路，东西两阙，楼观对耸。桥之西有方浅船二只，头置巨干铁枪数条，岸上有铁索三条，遇夜绞上水面，盖防遗失舟船矣。西去曰浚仪桥，次曰兴国寺桥（亦名马军衙桥），次曰太师府桥（蔡相宅前），次曰金梁桥，次曰西浮桥（旧以船为之桥，今皆用木石造矣），次曰西水门便桥，门外曰横桥。

东北曰五丈河，来自济、郓，般挽京东路粮斛入京城，自新曹门北入京，河上有桥五：东去曰小横桥，次曰广备桥，次曰蔡市桥，次曰青晖桥、染院桥。西北曰金水河，自京城西南分京索河水筑堤，从汴河上用木槽架过，从西北水门入京城，夹墙遮拥，入大内灌后苑池浦矣。河上有桥三：曰白虎桥、横桥、五王宫桥之类。又曹门小河子桥曰念佛桥，盖内诸司辇官、亲事官之类，军营皆在曹门，侵晨上直，有瞽者在桥上念经求化，得其名矣。

大内

大内正门宣德楼列五门，门皆金钉朱漆，壁皆砖石间甃，镌镂龙凤飞云之状，莫非雕甍画栋，峻桷层榱，覆以琉璃瓦。曲尺朵楼，朱栏彩槛，下列两阙亭相对，悉用朱红杈子。入宣德楼正门，乃大庆殿，庭设两楼，如寺院钟楼，上有太史局保章正，测验刻漏，逐时刻执牙牌奏。每遇大礼，车驾斋宿，及正朔朝会于此殿。殿外左右横门曰左右长庆门。

内城南壁有门三座，系大朝会趋朝路。宣德楼左曰左掖门，右曰右掖门。左掖门里乃明堂，右掖门里西去乃天章、宝文等阁。宫城至北廊约百余丈。入门东去街北廊乃枢密院，次中书省，次都堂（宰相朝退治事于此），次门下省，次大庆殿外廊横门，北去百余步，又一横门，每日宰执趋朝，此处下马。余侍从台谏于第一横门下马，行至文德殿，入第二横门。东廊大庆殿东偏门，西廊中书门下后省。次修国史院，次南向小角门，正对文德殿（常朝殿也）。殿前东西大街，东出东华门，西出西华门。近里又两门相对，左右嘉肃门也。南去左右银台门。

自东华门里皇太子宫入嘉肃门，街南大庆殿后门、东西上閤门；街北宣祐门。南北大街西廊面东曰凝晖殿，乃通会通门入禁中矣。殿相对东廊门楼，乃殿中省、六尚局、御厨。殿上常列禁卫两重，时刻提警，出入甚严。近里皆近侍中贵，殿之外皆知省、御药幕次，快行、亲从官、辇官、车子院、黄院子、内诸司兵士，祗候宣唤，及宫禁买卖进贡，皆由此入，唯此浩穰。

诸司人自卖饮食珍奇之物，市井之间未有也。每遇早晚进膳，自殿中省对凝晖殿，禁卫成列，约拦不得过往。省门上有一人呼喝，谓之“拨食家”。次有紫衣、裹脚子向后曲折幞头者，谓之“院子家”，托一合，用黄绣龙合衣笼罩，左手携一红罗绣手巾，进入于此，约十余合，继托金瓜合二十余面进入，非时取唤，谓之“泛索”。宣祐门外，西去紫宸殿（正朔受朝于此），次曰文德殿（常朝所御），次曰垂拱殿，次曰皇仪殿，次曰集英殿（御宴及试举人于此）。后殿曰崇政殿、保和殿。内书阁曰睿思殿。后门曰拱辰门。东华门外，市井最盛，盖禁中买卖在此，凡饮食，时新花果、鱼虾鳖蟹、鹑兔脯腊、金玉珍玩、衣着，无非天下之奇。其品味若数十分，客要一二十味下酒，随索，目下便有之。其岁时果瓜蔬茹新上市，并茄瓠之类新出，每对可直三五十千，诸閤分争以贵价取之。

内诸司

内诸司皆在禁中，如学士院、皇城司、四方馆、客省、东西上閤门、通进司、内弓剑枪甲军器等库、翰林司（茶酒局也）、内侍省、入内内侍省、内藏库、奉宸库、景福殿库、延福宫、殿中省、六尚局（尚药、尚食、尚辇、尚醖、尚舍、尚衣）。诸閤分内香药库、后苑作、翰林书艺局、医官局、天章等阁，明堂颁朔布政府。

外诸司

外诸司：左右金吾街仗司、法酒库、内酒坊、牛羊司、乳酪院、仪鸾司（帐设局也）、车辂院、供奉库、杂物库、杂卖务、东西作坊、万全（造军器所）、修内司、文思院上下界、绫锦院、文绣院、军器所、上下竹木务、箔场、车营、致远务、骡务、驼坊、象院、作坊物料库、东西窑务、内外物库、油醋库、京城守具所、鞍辔库，养马曰左右骐骥院、天驷十监，河南北十炭场、四熟药局、内外柴炭库、军头引见司、架子营（楼店务、店宅务）、榷货务、都茶场、大宗正司，左藏、大观、元丰、宣和等库，编估局、打套所。

诸米麦等：自州东虹桥元丰仓、顺成仓，东水门里广济、里河折中、外河折中、富国、广盈、万盈、永丰、济远等仓，陈州门里麦仓子，州北夷门山、五丈河诸仓，约共有五十余所。日有支纳下卸，即有下卸指挥兵士，支遣即有袋家，每人肩两石布袋。遇有支遣，仓前成市。近新城有草场二十余所。每遇冬月诸乡纳粟秆草，牛车阗塞道路，车尾相衔，数千万量不绝，场内堆积如山。诸军打请，营在州北，即往州南仓，不许雇人般担，并要亲自肩来，祖宗之法也。

卷二

御街

坊巷御街，自宣德楼一直南去，约阔二百余步，两边乃御廊，旧许市人买卖于其间，自政和间官司禁止。各安立黑漆杈子，路心又安朱漆杈子两行，中心御道，不得人马行往，行人皆在廊下朱杈子之外，杈子里有砖石甃砌御沟水两道，宣和间尽植莲荷，近岸植桃、李、梨、杏，杂花相间，春夏之间，望之如绣。

宣德楼前省府宫宇

宣德楼前，左南廊对左掖门，为明堂颁朔布政府、秘书省，右南廊对右掖门。近东则两府八位，西则尚书省。御街大内前南去，左则景灵东宫，右则西宫。

近南大晟府，次曰太常寺。州桥曲转大街，面南曰左藏库，近东郑太宰宅、青鱼市内行。景灵东宫南门大街以东，南则唐家金银铺、温州漆器什物铺、大相国寺，直至十三间楼、旧宋门。自大内西廊南去，即景灵西宫，南曲对即报慈寺街、都进奏院、百种圆药铺，至浚仪桥大街。西宫南皆御廊杈子，至州桥投西大街，乃果子行。街北都亭驿（大辽人使驿也），相对梁家珠子铺。余皆卖时行纸画、花果铺席。至浚仪桥之西，即开封府。

御街一直南去，过州桥，两边皆居民。街东车家炭，张家酒店，次则王楼山洞梅花包子、李家香铺、曹婆婆肉饼、李四分茶。至朱雀门街西，过桥即投西大街，谓之“曲院街”，街南遇仙正店，前有楼子后有台，都人谓之“台上”。此一店最是酒店上户，银瓶酒七十二文一角，羊羔酒八十一文一角。街北薛家分茶、羊饭、熟羊肉铺。向西去皆妓馆舍，都人谓之“院街”。御廊西即鹿家包子，余皆羹店、分茶、酒店、香药铺、居民。

朱雀门外街巷

出朱雀门东壁亦人家，东去大街麦秸巷、状元楼，余皆妓馆，至保康门街。其御街东朱雀门外，西通新门瓦子，以南杀猪巷亦妓馆。以南东西两教坊，余皆居民或茶坊。街心市井，至夜尤盛。过龙津桥南去，路心又设朱漆杈子如内前。东刘廉访宅，以南太学、国子监。过太学又有横街，乃太学南门。街南熟药惠民南局。以南五里许皆民居。

又东去横大街，乃五岳观后门。大街约半里许乃看街亭，寻常车驾行幸，登亭观马骑于此。东至贡院、什物库、礼部贡院、车营务草场。街南葆真宫，直至蔡河云骑桥。御街至南薰门里，街西五岳观，最为雄壮。自西门东去观桥、宣泰桥，柳阴牙道，约五里许，内有中太一宫、佑神观。街南明丽殿、奉灵园，九成宫内安顿九鼎。近东即迎祥池，夹岸垂杨，菰蒲莲荷，凫雁游泳其间，桥亭台榭，棋布相峙，唯每岁清明日，放万姓烧香游观一日。

龙津桥南西壁邓枢密宅，以南武学巷内曲子张宅、武成王庙。以南张家油饼、明节皇后宅。西去大街曰大巷口，又西曰清风楼酒店，都人夏月多乘凉于此。以西老鸦巷口军器所，直接第一座桥。自大巷口南去延真观，延接四方道民于此。以南西去小巷口三学院，西去直抵宜男桥小巷，南去即南薰门。其门寻常士庶殡葬，车舆皆不得经由此门而出，谓正与大内相对。唯民间所宰猪，须从此入京，每日至晚，每群万数，止数十人驱逐，无有乱行者。

州桥夜市

出朱雀门，直至龙津桥。自州桥南去，当街水饭、爊肉、干脯。玉楼前獾儿、野狐肉、脯鸡。梅家、鹿家鹅、鸭、鸡、兔、肚肺、鳝鱼、包子、鸡皮、腰肾、鸡碎，每个不过十五文。曹家从食。

至朱雀门，旋煎羊白肠、鲊脯、爑冻鱼头、姜豉、剿子、抹脏、红丝、批切羊头、辣脚子、姜辣萝卜。夏月，麻腐鸡皮、麻饮、细粉、素签、沙糖冰雪冷元子、水晶皂儿、生淹水木瓜、药木瓜、鸡头穰沙糖、绿豆甘草冰雪凉水、荔枝膏、广芥瓜儿、咸菜、杏片、梅子姜、莴苣笋、芥辣瓜儿、细料餶饳儿、香糖果子、间道糖荔枝、越梅、锯刀紫苏膏、金丝党梅、香枨元，皆用梅红匣儿盛贮。冬月，盘兔、旋炙猪皮肉、野鸭肉、滴酥水晶鲙、煎夹子、猪脏之类，直至龙津桥须脑子肉止，谓之“杂嚼”，直至三更。

东角楼街巷

自宣德东去东角楼，乃皇城东南角也。十字街南去姜行，高头街北去，从纱行至东华门街、晨晖门、宝箓宫，直至旧酸枣门，最是铺席要闹。宣和间展夹城牙道矣。东去乃潘楼街，街南曰“鹰店”，只下贩鹰鹘客，余皆真珠、匹帛、香药铺席。南通一巷，谓之“界身”，并是金银彩帛交易之所，屋宇雄壮，门面广阔，望之森然，每一交易，动即千万，骇人闻见。以东街北曰潘楼酒店，其下每日自五更市合，买卖衣物、书画、珍玩、犀玉，至平明，羊头、肚肺、赤白腰子、奶房、肚胘、鹑兔鸠鸽野味、螃蟹、蛤蜊之类。讫，方有诸手作人上市，买卖零碎作料。

饭后饮食上市，如酥蜜食、枣䭉、澄砂团子、香糖果子、蜜煎雕花之类。向晚，卖何娄头面、冠梳、领抹、珍玩、动使之类。东去则徐家瓠羹店。街南桑家瓦子，近北则中瓦，次里瓦，其中大小勾栏五十余座。内中瓦子莲花棚、牡丹棚；里瓦子夜叉棚、象棚最大，可容数千人。自丁先现、王团子、张七圣辈，后来可有人于此作场。瓦中多有货药、卖卦、喝故衣、探搏、饮食、剃剪、纸画、令曲之类。终日居此，不觉抵暮。

潘楼东街巷

潘楼东去十字街，谓之“土市子”，又谓之“竹竿市”。又东十字大街，曰从行裹角茶坊，每五更点灯博易，买卖衣物、图画、花环、领抹之类，至晓即散，谓之“鬼市子”。以东街北赵十万宅，街南中山正店、东榆林巷、西榆林巷，北郑皇后宅。东曲首向北墙畔单将军庙，乃单雄信墓也，上有枣树，世传乃枣槊发芽，生长成树，又谓之“枣冢子巷”。又投东则旧曹门街，北山子茶坊，内有仙洞、仙桥，仕女往往夜游，吃茶于彼。

又李生菜小儿药铺、仇防御药铺。出旧曹门、朱家桥瓦子，下桥南斜街、北斜街，内有泰山庙，两街有妓馆。桥头人烟市井，不下州南。以东牛行街、下马刘家药铺、看牛楼酒店，亦有妓馆，一直抵新城。自土市子南去，铁屑楼酒店、皇建院街，得胜桥郑家油饼店，动二十余炉。直南抵太庙街、高阳正店，夜市尤盛。土市北去乃马行街也，人烟浩闹。先至十字街，曰鹩儿市，向东曰东鸡儿巷，向西曰西鸡儿巷，皆妓馆所居。近北街曰杨楼街，东曰庄楼，今改作和乐楼，楼下乃卖马市也。近北曰任店，今改作欣乐楼，对门马铛家羹店。

酒楼

凡京师酒店门首，皆缚彩楼欢门。唯任店入其门，一直主廊约百余步，南北天井两廊皆小阁子，向晚，灯烛荧煌，上下相照。浓妆妓女数百，聚于主廊槏面上，以待酒客呼唤，望之宛若神仙。北去杨楼以北穿马行街，东西两巷谓之"大小货行"，皆工作伎巧所居。小货行通鸡儿巷妓馆，大货行通笺纸店。白矾楼后改为丰乐楼，宣和间更修三层相高，五楼相向，各有飞桥栏槛，明暗相通，珠帘绣额，灯烛晃耀。初开数日，每先到者赏金旗，过一两夜则已。元夜则每一瓦陇中，皆置莲灯一盏。内西楼后来禁人登眺，以第一层下视禁中。大抵诸酒肆瓦市，不以风雨寒暑，白昼通夜，骈阗如此。

州东宋门外仁和店、姜店。州西宜城楼、药张四店、班楼，金梁桥下刘楼，曹门蛮王家、奶酪张家。州北八仙楼，戴楼门张八家园宅正店，郑门河王家，李七家正店，景灵宫东墙长庆楼。在京正店七十二户，此外不能遍数，其余皆谓之"脚店"。卖贵细下酒，迎接中贵饮食，则第一白厨，州西安州巷张秀，以次保康门李庆家，东鸡儿巷郭厨，郑皇后宅后宋厨，曹门砖筒李家，寺东骰子李家，黄胖家。九桥门街市酒店，彩楼相对，绣旆相招，掩翳天日。政和后来，景灵宫东墙下长庆楼尤盛。

饮食果子

凡店内卖下酒厨子，谓之“茶饭量酒博士”。至店中小儿子，皆通谓之“大伯”。更有街坊妇人，腰系青花布手巾，绾危髻，为酒客换汤、斟酒，俗谓之“焌糟”。更有百姓入酒肆，见子弟少年辈饮酒，近前小心供过使令，买物命妓，取送钱物之类，谓之“闲汉”。又有向前换汤、斟酒、歌唱，或献果子、香药之类，客散得钱，谓之“厮波”。又有下等妓女，不呼自来筵前歌唱，临时以些小钱物赠之而去，谓之“札客”，亦谓之“打酒坐”。又有卖药或果实、萝卜之类，不问酒客买与不买，散与坐客，然后得钱，谓之“撒暂”。如此处处有之。唯州桥炭张家、奶酪张家，不放前项人入店，亦不卖下酒，唯以好淹藏菜蔬，卖一色好酒。

所谓茶饭者，乃百味羹、头羹、新法鹌子羹、三脆羹、二色腰子、虾蕈、鸡蕈、浑炮等羹、旋索粉玉棋子、群仙羹、假河鲀、白渫虀、货鳜鱼、假鼋鱼、决明兜子、决明汤虀、肉醋托胎衬肠、沙鱼两熟、紫苏鱼、假蛤蜊、白肉、夹面子、茸割肉、胡饼、汤骨头、乳炊羊、肫羊、闹厅羊、角炙腰子、鹅鸭排蒸、荔枝腰子、还元腰子、烧臆子、入炉细项莲花鸭签、酒炙肚胘、虚汁垂丝羊头、入炉羊、羊头签、鹅鸭签、鸡签、盘兔、炒兔、葱泼兔、假野狐、金丝肚羹、石肚羹、假炙獐、煎鹌子、生炒肺、炒蛤蜊、炒蟹、渫蟹、洗手蟹之类，逐时旋行索唤，不许一味有阙。或别呼索变造下酒，亦即时供应。又有外来托卖炙鸡、爊鸭、羊脚子、点羊头、脆筋巴子、姜虾、酒蟹、獐巴、鹿脯、从食蒸作、海鲜、时果、旋切莴苣、生菜、西京笋。又有小儿子，着白虔布衫，青花手巾，挟白磁缸子，卖辣菜。又有托小盘卖干果子，乃旋炒银杏、栗子、河北鹅梨、梨条、梨干、梨肉、胶枣、枣圈、梨圈、桃圈、核桃肉、牙枣、海红、嘉庆子、林檎旋、乌李、李子旋、樱桃煎、西京雪梨、夫梨、甘棠梨、凤栖梨、镇府浊梨、河阴石榴、河阳查子、查条、沙苑温桲、回马孛萄、西川乳糖、狮子糖、霜蜂儿、橄榄、温柑、绵枨、金橘、龙眼、荔枝、召白藕、甘蔗、漉梨、林檎干、枝头干、芭蕉干、人面子、巴览子、榛子、榧子、虾具之类。诸般蜜煎香药、果子罐子、党梅、柿膏儿、香药、小元儿、小臈茶、鹏沙元之类。更外卖软羊诸色包子、猪羊荷包、烧肉干脯、玉板鲊、犯鲊、片酱之类。其余小酒店，亦卖下酒，如煎鱼、鸭子、炒鸡兔、煎燠肉、梅汁、血羹、粉羹之类。每分不过十五钱。诸酒店必有厅院，廊庑掩映，排列小阁子，吊窗花竹，各垂帘幕，命妓歌笑，各得稳便。

卷三

马行街北诸医铺

马行北去，乃小货行、时楼、大骨傅药铺，直抵正系旧封丘门。两行金紫医官药铺，如杜金钩家、曹家，独胜元；山水李家口齿咽喉药；石鱼儿班防御、银孩儿柏郎中家，医小儿；大鞋任家产科。其余香药铺席、官员宅舍，不欲遍记。夜市比州桥又盛百倍，车马阗拥，不可驻足，都人谓之“里头”。

大内西右掖门外街巷

大内西去，右掖门、祆庙，直南浚仪桥，街西尚书省东门，至省前横街，南即御史台，西即郊社。省南门正对开封府后墙，省西门谓之“西车子曲”，史家瓠羹、万家馒头，在京第一。次曰吴起庙，出巷乃大内西角楼，大街西去踊路街，南太平兴国寺后门，北对启圣院。街以西殿前司，相对清风楼、无比客店、张戴花洗面药、国太丞、张老儿、金龟儿、丑婆婆药铺、唐家酒店，直至梁门，正名阊阖。出梁门西去，街北建隆观，观内东廊于道士卖齿药，都人用之。街南蔡太师宅，西去州西瓦子，南自汴河岸，北抵梁门大街，亚其里瓦，约一里有余，过街北即旧宜城楼。近西去金梁桥街，西大街，荆筐儿药铺，枣王家金银铺。近北巷口熟药惠民西局。西去瓮市子，乃开封府刑人之所也。西去盖防御药铺、大佛寺、都亭西驿，相对京城守具所。自瓮市子北去大街，班楼酒店，以北大三桥子，至白虎桥，直北即卫州门。

大内前州桥东街巷

大内前，州桥之东，临汴河大街，曰相国寺。有桥平正如州桥，与保康门相对。桥西贾家瓠羹、孙好手馒头，近南即保康门潘家黄耆圆。延宁宫禁女道士观，人罕得入。街西保康门瓦子，东去沿城皆客店，南方官员商贾兵级，皆于此安泊。近东四圣观、袜袎巷。以东城角定力院，内有朱梁高祖御容。出保康门外，新建三尸庙、德安公庙。南至横街，西去通御街，曰麦稍巷口，以南太学东门、水柜街余家染店。以南街东法云寺。又西去横街张驸马宅，寺南佑神观后门。

相国寺内万姓交易

相国寺，每月五次开放，万姓交易。大三门上皆是飞禽猫犬之类，珍禽奇兽，无所不有。第二、三门皆动用什物，庭中设彩幕、露屋、义铺，卖蒲合、簟席、屏帏、洗漱、鞍辔、弓剑、时果、腊脯之类。近佛殿，孟家道冠、王道人蜜煎、赵文秀笔、及潘谷墨。占定两廊，皆诸寺师姑卖绣作、领抹、花朵、珠翠、头面、生色销金花样幞头、帽子、特髻、冠子、绦线之类。殿后资圣门前，皆书籍、玩好、图画，及诸路散任官员土物、香药之类。后廊皆日者、货术、传神之类。寺三门阁上并资圣门，各有金铜铸罗汉五百尊、佛牙等。凡有斋供，皆取旨方开。三门左右有两瓶琉璃塔，寺内有智海、惠林、宝梵、河沙。东西塔院，乃出角院舍，各有住持僧官。每遇斋会，凡饮食茶果、动使器皿，虽三五百分，莫不咄嗟而办。大殿两廊，皆国朝名公笔迹，左壁画《炽盛光佛降九曜鬼百戏》，右壁《佛降鬼子母揭盂》。殿庭供献乐部、马队之类，大殿朵廊皆壁隐楼殿人物，莫非精妙。

寺东门街巷

寺东门大街，皆是幞头、腰带、书籍、冠朵铺席，丁家素茶。寺南即录事巷妓馆，绣巷皆师姑绣作居住。北即小甜水巷，巷内南食店甚盛，妓馆亦多。向北李庆糟姜铺。直北出景灵宫东门前，又向北曲东税务街、高头街。姜行后巷，乃脂皮画曲妓馆。南北讲堂巷，孙殿丞药铺、靴店。出界身北巷，巷口宋家生药铺，铺中两壁皆李成所画山水。自景灵宫东门大街向东，街北旧乾明寺，沿火改作五寺三监。以东向南曰第三条甜水巷，以东熙熙楼客店，都下着数。以东街南高阳正店，向北入马行。向东街北曰车辂院，南曰第二甜水巷。以东审计院，以东桐树子韩家，直抵太庙前门。南往观音院，乃第一条甜水巷也。太庙北入榆林巷，通曹门大街，不能遍数也。

上清宫

上清宫在新宋门里街北，以西茅山下院。醴泉观在东水门里。观音院在旧宋门后太庙南门。景德寺在上清宫背，寺前有桃花洞，皆妓馆。开宝寺在旧封丘门外斜街子，内有二十四院，惟仁王院最盛。天清寺在州北清晖桥。兴德院在金水门外。长生宫在鹿家巷。显宁寺在炭场巷北。婆台寺在陈州门里。兜率寺在红门道。地踊佛寺在州西草场巷街南。十方静因院在州西油醋巷。浴室院在第三条甜水巷。福田院在旧曹门外。报恩寺在卸盐巷。太和宫，女道士，在州西洪桥子大街。洞元观，女道士，在班楼北。瑶华宫在金水门外。万寿观在旧酸枣门外十王宫前。

马行街铺席

马行北去，旧封丘门外袄庙斜街、州北瓦子。新封丘门大街，两边民户铺席外，余诸班直军营相对，至门约十里余。其余坊巷院落，纵横万数，莫知纪极。处处拥门，各有茶坊酒店，勾肆饮食。市井经纪之家，往往只于市店旋买饮食，不置家蔬。北食则矾楼前李四家、段家爊物、石逢巴子，南食则寺桥金家、九曲子周家，最为屈指。夜市直至三更尽，才五更又复开张。如要闹去处，通晓不绝。寻常四梢远静去处，夜市亦有燋酸㶽、猪胰胡饼、和菜饼、獾儿、野狐肉、果木翘羹、灌肠、香糖果子之类。冬月虽大风雪阴雨，亦有夜市：㓗子、姜豉、抹脏、红丝、水晶脍、煎肝脏、蛤蜊、螃蟹、胡桃、泽州饧、奇豆、鹅梨、石榴、查子、榅桲、糍糕、团子、盐豉汤之类。至三更，方有提瓶卖茶者。盖都人公私营干，夜深方归也。

般载杂卖

东京般载车，大者曰“太平”，上有箱无盖，箱如构栏而平，板壁前出两木，长二三尺许，驾车人在中间，两手扶捉鞭绥驾之，前列骡或驴二十余，前后作两行，或牛五七头拽之。车两轮与箱齐，后有两斜木脚拖，夜中间悬一铁铃，行即有声，使远来者车相避。仍于车后系驴骡二头，遇下峻险桥路，以鞭唬之，使倒坐缍车，令缓行也，可载数十石。官中车惟用驴，差小耳。其次有“平头车”，亦如“太平车”而小，两轮前出长木作辕，木梢横一木，以独牛在辕内，项负横木，人在一边，以手牵牛鼻绳驾之，酒正店多以此载酒梢桶矣。梢桶如长水桶，面安靥口，每梢三斗许，一贯五百文。又有宅眷坐车子，与“平头车”大抵相似，但棕作盖，及前后有构栏门，垂帘。又有独轮车，前后二人把驾，两旁两人扶拐，前有驴拽，谓之“串车”，以不用耳子转轮也，般载竹木瓦石。但无前辕，止一人或两人推之。此车往往卖糕及糕麋之类人用，不中载物也。平盘两轮，谓之“浪子车”。唯用人拽。又有载巨石大木，只有短梯盘而无轮，谓之“痴车”，皆省人力也。又有驼、骡、驴驮子，或皮或竹为之，如方匾竹筌两搭背上，斛㪷则用布袋驼之。

都市钱陌

都市钱陌，官用七十七，街市通用七十五，鱼、肉、菜七十二陌，金银七十四，珠珍、雇婢妮、买虫蚁六十八，文字五十六陌，行市各有短长使用。

雇觅人力

凡雇觅人力，干当人、酒食、作匠之类，各有行老供雇。觅女使，即有引至牙人。

防火

每坊巷三百步许，有军巡铺屋一所，铺兵五人，夜间巡警，收领公事。又于高处砖砌望火楼，楼上有人卓望。下有官屋数间，屯驻军兵百余人，及有救火家事，谓如大小桶、洒子、麻搭、斧锯、梯子、火叉、大索、铁猫儿之类。每遇有遗火去处，则有马军奔报军厢主。马步军、殿前三衙、开封府，各领军级扑灭，不劳百姓。

天晓诸人入市

每日交五更，诸寺院行者打铁牌子或木鱼，循门报晓，亦各分地分，日间求化。诸趍朝入市之人，闻此而起。诸门桥市井已开，如瓠羹店门首坐一小儿，叫"饶骨头"，间有灌肺及炒肺。酒店多点灯烛沽卖，每分不过二十文，并粥、饭、点心。亦间或有卖洗面水、煎点汤茶药者，直至天明。其杀猪羊作坊，每人担猪羊及车子上市，动即百数。如果木，亦集于朱雀门外，及州桥之西，谓之"果子行"。纸画儿亦在彼处，行贩不绝。其卖麦面，每秤作一布袋，谓之"一宛"，或三五秤作一宛，用太平车或驴、马驮之，从城外守门入城货卖，至天明不绝。更有御街、州桥至南内前，趍朝卖药及饮食者，吟叫百端。

诸色杂卖

若养马，则有两人日供切草，养犬则供饧糟，养猫则供猫食并小鱼。其锢路、钉铰、箍桶、修整动使、掌鞋、刷腰带、修幞头、帽子、补角冠、日供打香印者，则管定铺席，人家牌额，时节即印施佛像等。其供人家打水者，各有地分坊巷。及有使漆、打钗环、荷大斧斫柴、换扇子柄、供香饼子、炭团，夏月则有洗毡、淘井者，举意皆在目前。或军营放停，乐人动鼓乐于空闲，就坊巷引小儿、妇女观看，散糖果子之类，谓之"卖梅子"，又谓之"把街"。每日如宅舍宫院前，则有就门卖羊肉、头肚、腰子、白肠、鹑、兔、鱼、虾、退毛鸡鸭、蛤蜊、螃蟹、杂燠、香药、果子，博卖冠梳、领抹、头面、衣着、动使、铜铁器、衣箱、磁器之类，亦有扑上件物事者，谓之“勘宅”。其后街或闲空处，团转盖屋，向背聚居，谓之“院子”，皆小民居止。每日卖蒸梨枣、黄糕麋、宿蒸饼、发牙豆之类。每遇春时，官中差人夫监淘在城渠，别开坑盛淘出者泥，谓之“泥盆”。候官差人来检视了，方盖覆，夜间出入，月黑宜照管也。

卷四

军头司

军头司每旬休，按阅内等子、相扑手、剑棒手格斗。诸军营殿前指挥使直，在禁中有左右班、内殿直、散员、散都头、散直、散指挥。御龙左右直，系打御从物，御龙骨朵子直、弓箭直、弩直、习驭直、骑御马、钧容直、招箭班、金枪班、银枪班。殿侍司诸军东西五班，常入祗候，每日教阅野战。每遇诸路解到武艺人，对御格斗。天武、捧日、龙卫、神卫，各二十指挥，谓之“上四军”，不出戍。骁骑、云骑、拱圣、龙猛、龙骑，各十指挥。殿前司、步军司，有虎翼各二十指挥，虎翼水军、宣武，各十五指挥，神勇、广勇，各十指挥，飞山、床子弩、雄武、广固等指挥。诸司则宣效六军，武肃、武和、街道司，诸司诸军指挥，动以百数。诸宫观宅院，各有清卫、厢军、禁军、剩员十指挥。其余工匠：修内司、八作司、广固作坊、后苑作坊、书艺局、绫锦院、文绣院、内酒坊、法酒库、牛羊司、油醋库、仪鸾司、翰林司，喝探、武严、辇官、车子院、皇城司、亲从官、亲事官、上下官皇城黄、皂院子、涤除，各有指挥，记省不尽。

皇太子纳妃

皇太子纳妃，卤部仪仗，宴乐仪卫。妃乘厌翟车，车上设紫色团盖，四柱维幕，四垂大带，四马驾之。

公主出降

公主出降，亦设仪仗、行幕、步障、水路，凡亲王、公主出则有之。皆系街道司兵级数十人，各执扫具、镀金银水桶，前导洒之，名曰“水路”。用檐床数百，铺设房卧，并紫衫卷脚幞头天武官抬舁。又有宫嫔数十，皆真珠钗插、吊朵、玲珑簇罗头面，红罗销金袍帔，乘马双控双搭，青盖前导，谓之“短镫”。前后用红罗销金掌扇遮簇，乘金铜檐子，覆以剪棕，朱红梁脊，上列渗金铜铸云凤花朵。檐子约高五尺许，深八尺，阔四尺许，内容六人，四维垂绣额珠帘，白藤间花。匡箱之外，两壁出栏槛，皆缕金花，装雕木人物神仙。出队两竿十二人，竿前后皆设绿丝绦，金鱼勾子勾定。

皇后出乘舆

皇太后、皇后出乘者，谓之“舆”。比檐子稍增广，花样皆龙，前后檐皆剪棕，仪仗与驾出相似而少，仍无驾头、警跸耳。士庶家与贵家婚嫁，亦乘檐子，只无脊上铜凤花朵。左右两军自有假赁所在，以至从人衫帽，衣服从物，俱可赁，不须借措。余命妇王宫士庶，通乘坐车子，如檐子样制，亦可容六人，前后有小勾栏，底下轴贯两挟朱轮，前出长辕，约七八尺，独牛驾之，亦可假赁。

杂赁

若凶事出殡，自上而下，凶肆各有体例。如方相、车舆、结络、彩帛，皆有定价，不须劳力。寻常出街市干事，稍似路远倦行，逐坊巷桥市，自有假赁鞍马者，不过百钱。

修整杂货及斋僧请道

倘欲修整屋宇，泥补墙壁，生辰忌日欲设斋僧尼道士，即早辰桥市街巷口，皆有木竹匠人，谓之“杂货工匠”。以至杂作人夫，道士僧人，罗立会聚，候人请唤，谓之“罗斋”。竹木作料，亦有铺席。砖瓦泥匠，随手即就。

筵会假赁

凡民间吉凶筵会，椅桌陈设，器皿合盘，酒檐动使之类，自有茶酒司管赁。吃食下酒，自有厨司。以至托盘下请书，安排坐次。尊前执事、歌说劝酒，谓之“白席人”，总谓之“四司人”。欲就园馆亭榭寺院游赏命客之类，举意便办，亦各有地分。承揽排备，自有则例，亦不敢过越取钱，虽百十分厅馆整肃，主人只出钱而已，不用费力。

会仙酒楼

如州东仁和店、新门里会仙楼正店，常有百十分厅馆动使，各各足备，不尚少阙一件。大抵都人风俗奢侈，度量稍宽，凡酒店中不问何人，止两人对坐饮酒，亦须用注碗一副，盘盏两副，果菜楪各五片，水菜碗三五只，即银近百两矣。虽一人独饮，碗遂亦用银盂之类。其果子菜蔬，无非精洁。若别要下酒，即使人外买软羊、龟背、大小骨、诸色包子、玉板鲊、生削巴子、瓜姜之类。

食店

大凡食店，大者谓之“分茶”，则有头羹、石髓羹、白肉、胡饼、软羊、大小骨、角炙犒腰子、石肚羹、入炉羊、罨生、软羊面、桐皮面、姜泼刀、回刀、冷淘、棋子、寄炉面饭之类。吃全茶，饶齑头羹。更有川饭店，则有插肉面、大燠面、大小抹肉淘、煎燠肉、杂煎事件、生熟烧饭。更有南食店，鱼兜子、桐皮熟脍面、煎鱼饭。又有瓠羹店，门前以枋木及花样沓结缚如山棚，上挂成边猪羊，相间三二十边。近里门面窗户皆朱绿装饰，谓之“欢门”。每店各有厅院东西廊，称呼坐次。客坐，则一人执箸纸，遍问坐客。都人侈纵，百端呼索，或热或冷，或温或整，或绝冷、精浇、臕浇之类，人人索唤不同。行菜得之，近局次立，从头唱念，报与局内。当局者谓之“铛头”，又曰“着案”讫。须臾，行菜者左手杈三椀，右臂自手至肩，驮迭约二十碗散下，尽合各人呼索，不容差错。一有差错，坐客白之主人，必加叱骂，或罚工价，甚者逐之。吾辈入店，则用一等琉璃浅棱椀，谓之“碧椀”，亦谓之“造羹”。菜蔬精细，谓之“造齑”，每碗十文。面与肉相停，谓之“合羹”。又有单羹，乃半个也。旧只用匙，今皆用箸矣。更有插肉、拨刀、炒羊、细物料棋子、馄饨店，及有素分茶，如寺院斋食也。又有菜面、胡蝶齑、疙瘩，及卖随饭、荷包白饭、旋切细料馉饳儿、瓜齑、萝卜之类。

肉行

坊巷桥市，皆有肉案。列三五人操刀，生熟肉从便索唤，阔切、片批、细抹、顿刀之类。至晚，即有燠爆熟食上市。凡买物不上数钱，得者是数。

饼店

凡饼店，有油饼店，有胡饼店。若油饼店，即卖蒸饼、糖饼、装合、引盘之类。胡饼店，即卖门油、菊花、宽焦、侧厚、油碢、髓饼、新样、满麻。每案用三五人捍剂卓花入炉。自五更，桌案之声远近相闻。唯武成王庙前海州张家、皇建院前郑家最盛，每家有五十余炉。

鱼行

卖生鱼则用浅抱桶，以柳叶间串，清水中浸，或循街出卖。每日早惟新郑门、西水门、万胜门，如此生鱼有数千檐入门。冬月，即黄河诸远处客鱼来，谓之“车鱼”，每斤不上一百文。

插画作者创作手记

为《东京梦华录》绘制插图，对我而言是浸润传统文化的一次奇遇，也是一次前所未有的亲近古代绘画的契机。在学习艺术的过程中，绘画技法和审美是按照西方的系统来训练的。虽然在美院学习，对西方艺术史和诸风格了如指掌，但面对古代的绘画书法甚至文学作品，自身的学养储备却显得捉襟见肘。很长一段时间我对中国古代艺术的惊人之美并没有太深刻的体验，虽然也去过敦煌、看过很多各地的石窟古寺，但又好似匆匆过客。绘画作为文化系统的一环，如果仅是看画而不亲近文化本身，那么仍然是雾里看花。

张择端原版的《清明上河图》是我在绘制插图的过程中反复观摩和研究的，一气呵成还能收放自如，真不愧神作。此外，《清明上河图》的各个临摹版本也给了我启发，比如宋摹本、清院本和仇英本，各有特色，有的灵动飘洒，有的严谨工整。在卷一的《虹桥城门图》里，我也借鉴了张择端对桥的构图技法。在绘制城门部分查阅资料的过程中，我发现原来城门不仅仅是门，还具有防御功能，因此在画面里我还绘制了方形的具有防御功能的瓮城。而张择端画的城门大开，守卫惫懒，城墙破败，是否也对北宋的覆灭有所预示。

除了《清明上河图》，我还从其他古画中获得视觉的想象，有助于对城市风貌、人物风物和山水意趣进行创作，参考的绘画诸如冯宁仿杨大章的宋院本《金陵图卷》，还有《西湖清趣图》《姑苏繁华图》等，此外我还阅读了《宋代物价研究》《北宋开封城史话》《宋：现代的拂晓时辰》等著作，以深化对宋代文化的认识。在古建筑的绘制上，我从《古建筑日读》《大宋楼台——图说宋人建筑》等著作中里得到很多启发。

绘制人物是为《东京梦华录》作画的一个难点。在张择端的《清明上河图》中，出现的人物大部分都是青壮年男子。但北宋时期商品经济繁荣，民风开放，重视“人”的价值，因此女性也可以开店做生意，小孩也有所养，敬老崇孝的美德也得到了继承发扬。所以在画面上我安排了很多经商或出游的女性以及玩耍的儿童，还有采买和做生意的老人。

在人物衣着服饰和动态的绘制上，参考的《大宋衣冠：图说宋人服饰》以及元人古画《太平风会图》等图书绘画资料，给了我很多灵感。值得一提的是在《宋代士民的“花生活”》一书中，记载了宋代无论男女都爱花、戴花。出门或者游玩，赠友或者面君，不同的花有不同的寓意。比如欧阳修爱牡丹，牡丹也因欧阳修在时人心中有了“劲骨刚心”的寓意，这和现在牡丹富贵雍容的寓意有所不同。我也在绘制过程中加入了许多人物戴花的细节，在《元宵节御街夜游图》《天宁节宫宴》中都可以看到。

宋人的爱美懂美还体现在日常之中，比如东京城有许多挂着旗旛、彩带飞舞的酒楼店铺。《东京梦华录》在诸多章节里记载过不同的节气会贩卖不同的时令特色物产，酒楼也会有新酒上市。《宋代物价研究》里也记载着当时许多时鲜价格高到匪夷所思，因此在本书中我画了许多临时搭盖的彩棚，装饰有飞舞的彩带、欢门和招牌的酒楼，以及出售的各种时令物产，这都是商品经济发达和市民生活极为富足的表现。

在画果子和饮食的时候，我阅读了《杯盘碗盏溢诗情：宋代诗词里的饮食》。在《东京梦华录》中记载了种类繁多的美食，让我惊讶于宋代人已经吃到这么多新鲜美味的佳肴，并且在寻常烟火滋味中也有诗词的清雅。我绘制了诸如“紫苏鱼”“姜炒蟹”等书中记载的鱼鲜，以及在许多影视剧中出现的“樱桃煎”和“决明兜子”。

此外，影视剧《清平乐》以及《知否知否应是绿肥红瘦》，也带给了我很多关于当时生活日常的想象。悠然的生活节奏，好似岁月可以细水长流。

现在回看为《东京梦华录》所配的插画，还有很多不足之处可以调整、改进。在绘制过程中，时常觉得因为这次契机走进历史，想象历史，自己得到了很多的滋养。

《东京梦华录》和《清明上河图》里的一笔一墨，都让我深深感受到这一座曾经真实存在的千年古城，许多人鲜活生动地行走于其中：日出时分，货船纷纷过虹桥，听不清是水声还是叫卖声；进了城门，街道上店铺林立，世上所求的一切应有尽有；日落后，炊烟升起，勾栏瓦舍和酒楼食店一片喧腾，杯盏碗盏盛满美酒美食；夜市游人如织，华灯璀璨，星月相照，不知今夕何夕……虽然自己也只能做到如此一点点的拙劣表达，但是因此仿佛真的神游北宋，得见前所未有的东京梦华。

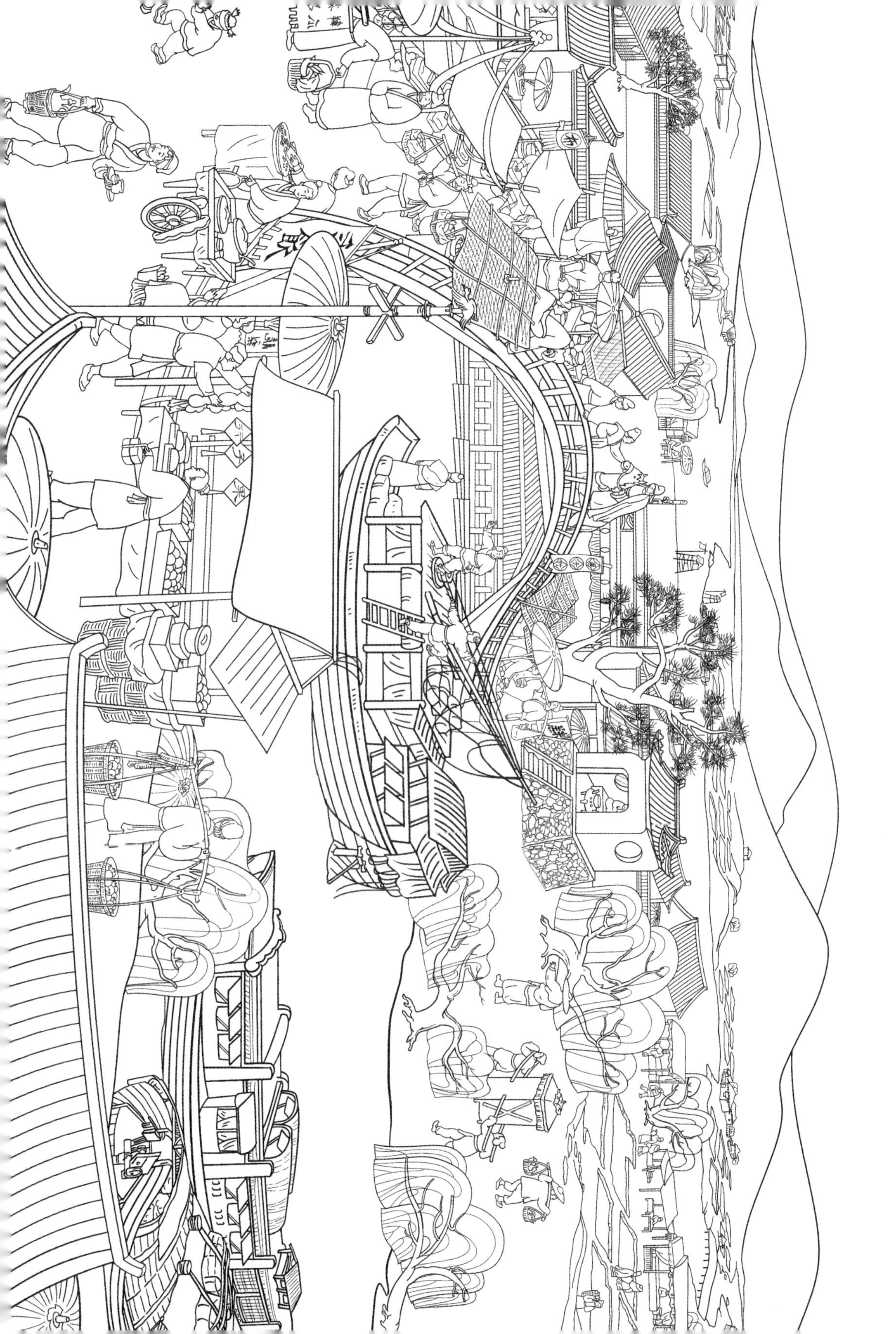

萬福天下昇平
中山正店
香料舖

大相國寺

丁家素分茶铺
宋家生藥铺
孟家解
菜面
瓜齑
荷包飯
随飯
胡餅

會仙樓
斤六十足
熟食
正店
會仙

棋寄爐麵飯
角炙搞腰子
姜潑刀廻刀
小夹軟羊包子燒肉千脯
全茶贈齋头羹
海州張記餅店
油炸千层糕豆团麻糍团
活蟹
魚

茶
花

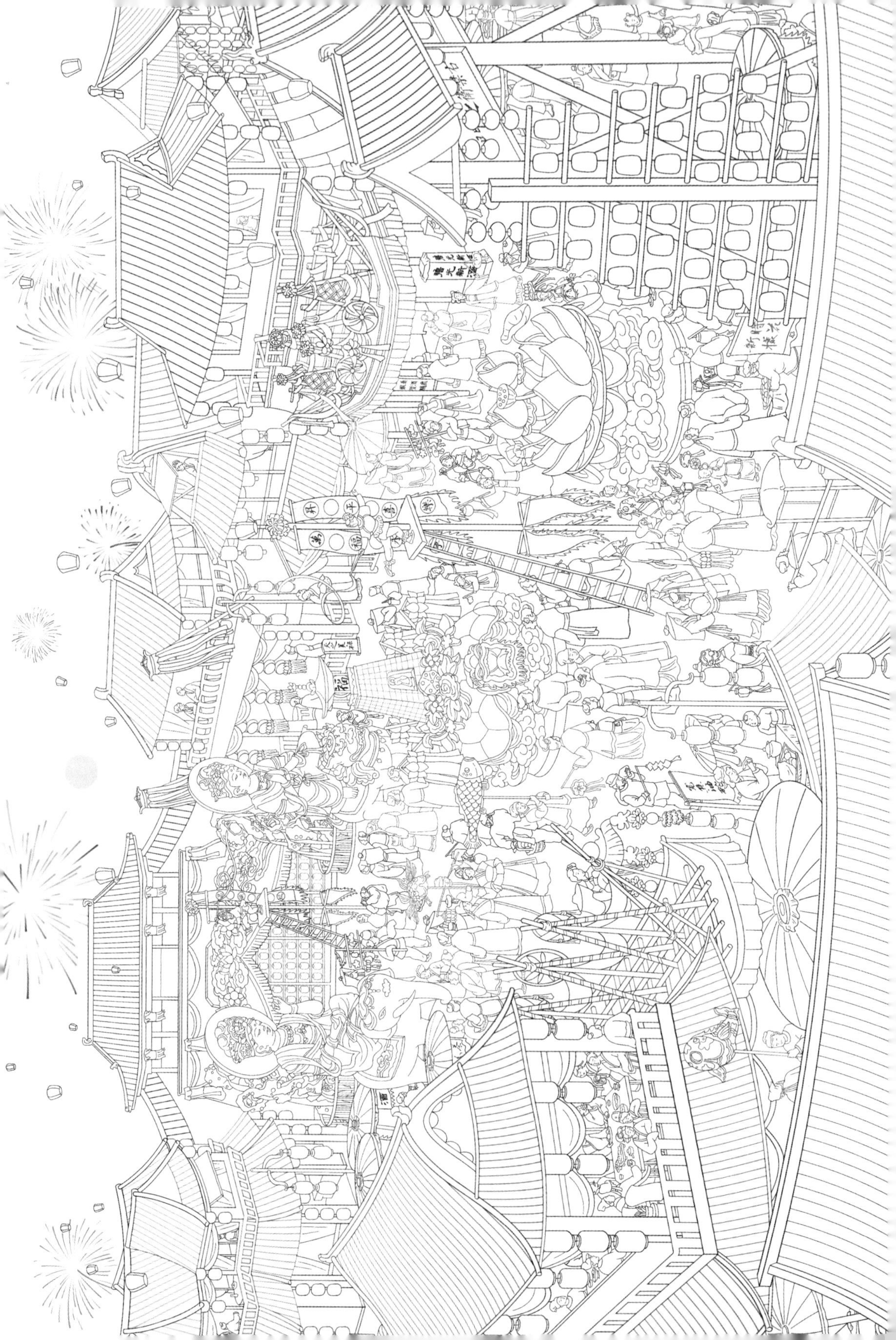

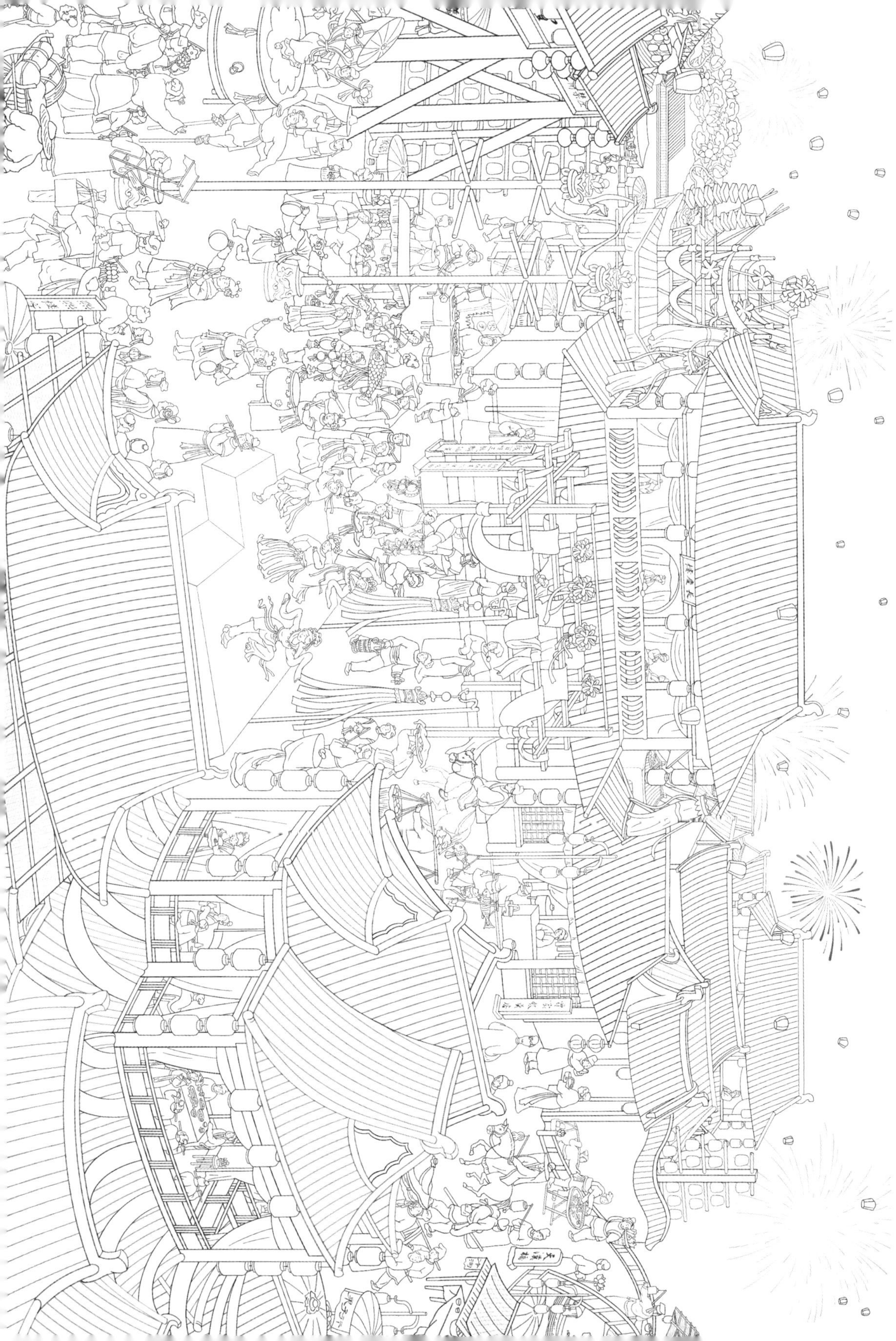

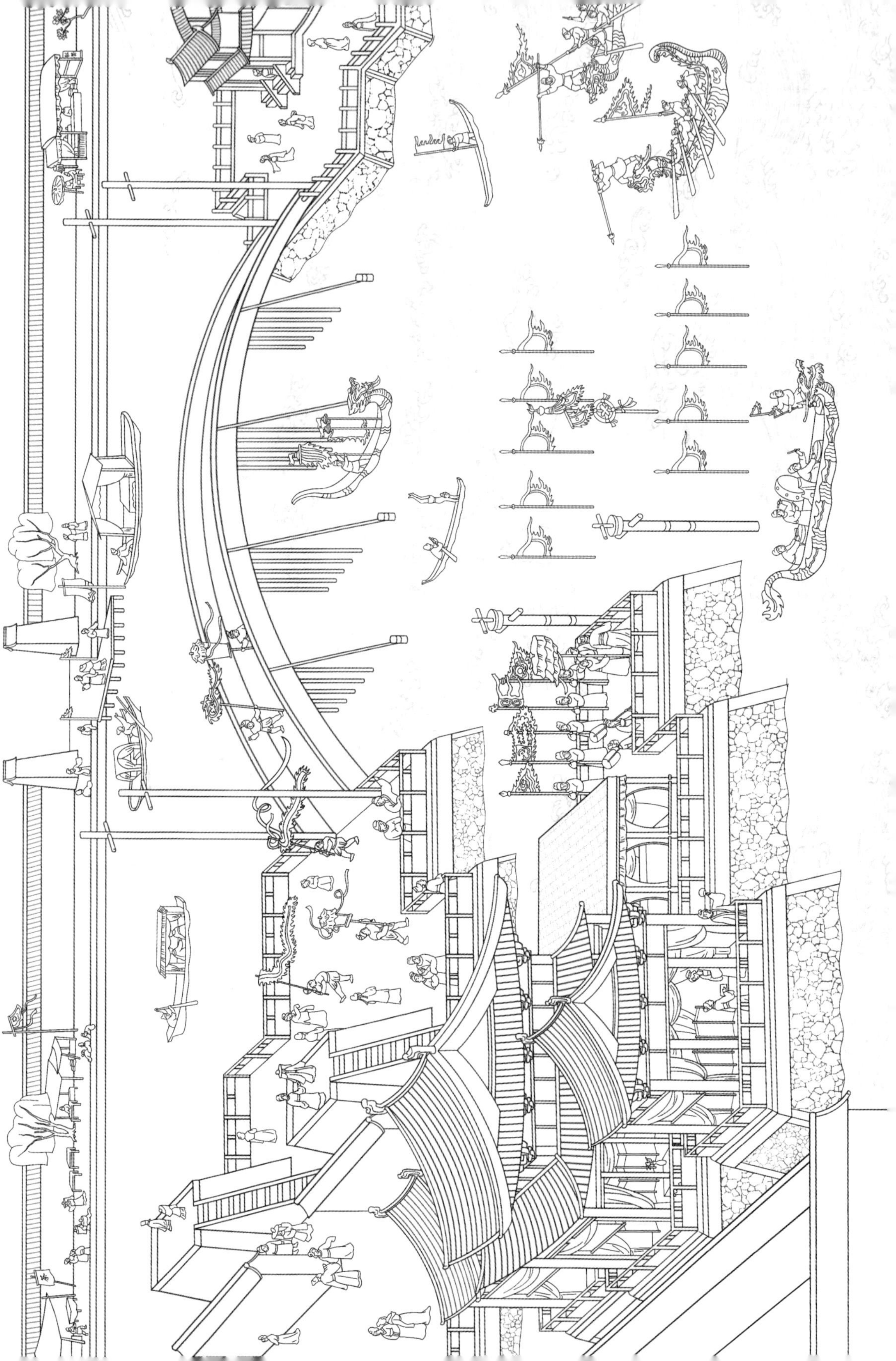

粽子
冰雪凉水
金杏紅姜
香飲
香糖果子

门神钟馗桃板桃符
回头鹿马天行帖子财门钝驴
兔脯
鹌鹑
糍糕
饼
店
撒佛花韭黄勃荷蔺芽
福
狮子糖
四川乳糖

福
福